Horst Marburger

SGB VIII

Kinder- und Jugendhilfe

Vorschriften und Verordnungen
Mit praxisorientierter Einführung

11., aktualisierte Auflage

WALHALLA Rechtshilfen

WALHALLA

Bibliografische Information der Deutschen Nationalbibliothek
Die Deutsche Nationalbibliothek verzeichnet diese Publikation in der Deutschen Nationalbibliografie; detaillierte bibliografische Daten sind im Internet über http://dnb.dnb.de abrufbar.

Zitiervorschlag:
Horst Marburger, SGB VIII – Kinder- und Jugendhilfe
Walhalla Fachverlag, Regensburg 2016

Hinweis: Unsere Fachratgeber informieren Sie nach bestem Wissen. Die vorliegende Ausgabe beruht auf dem Stand von Januar 2016. Verbindliche Rechtsauskünfte holen Sie gegebenenfalls bei Ihrem Fachanwalt für Sozialrecht ein.

11., aktualisierte Auflage

Produktion: Walhalla Fachverlag, 93042 Regensburg
Umschlaggestaltung: grubergrafik, Augsburg
Druck und Bindung: Kessler Druck + Medien GmbH & Co. KG
Printed in Germany
ISBN 978-3-8029-7313-0

PMC-KDM-1215-6747-POD

Schnellübersicht

Das Kinder- und Jugendhilferecht kennen und anwenden 7
Abkürzungen 8 **1**

Einführung 9 **2**

Gesetzliche Grundlagen – einschließlich Verordnungen 57 **3**

Stichwortverzeichnis 124 **4**

Das Kinder- und Jugendhilferecht kennen und anwenden

Obwohl das SGB VIII die Zukunft in kinder- und jugendpolitischer Hinsicht grundsätzlich mitgestaltet, ist es in der breiten Öffentlichkeit wenig bekannt. Neben sachlichen und örtlichen Zuständigkeiten der Jugendämter und dem Zuständigkeitsverhältnis zu anderen sozialen Leistungen regelt dieser Teil des Sozialgesetzbuches für die Gesellschaft und deren Wohlergehen maßgebliche und praxisrelevante Bereiche wie:

- Jugendarbeit, Jugendsozialarbeit, erzieherischer Kinder- und Jugendschutz
- Förderung der Erziehung in der Familie, Erziehungsberatung
- Förderung von Kindern in Tageseinrichtungen und in der Kindertagespflege
- Familienhilfe in Krisensituationen
- Einzelbetreuung von Jugendlichen mit sozialen Defiziten
- Handlungsbefugnisse bei Kindeswohlgefährdung, Inobhutnahme von gefährdeten Kindern und Jugendlichen

Darüber hinaus regelt das SGB VIII administrative Aufgaben der Jugendämter wie Mitwirkung der Jugendhilfe in Gerichtsverfahren, Beteiligung bei Beistandschaft, Pflegschaft und Vormundschaft, Führung eines Sorgerechtsregisters, Beglaubigungen und Beurkundungen.

Das Kinderförderungsgesetz (KiföG) legte die gesetzlichen Grundlagen zur Ausweitung des Betreuungsangebots fest, insbesondere für Kinder unter drei Jahren. Diese haben seit 1. 8. 2013 einen Rechtsanspruch auf einen Platz in der Kindertagesbetreuung.

Das SGB VIII wurde am 11. 9. 2012 neu bekannt gegeben. Seit der Neufassung sind weitere Änderungen erfolgt, zuletzt durch das Gesetz zur Verbesserung der Unterbringung, Versorgung und Betreuung ausländischer Kinder und Jugendlicher vom 28. 10. 2015 (BGBl. I S. 1802). Die Änderungen traten am 1. 11. 2015 in Kraft. Dieses „Umverteilungsgesetz" beschäftigt sich insbesondere mit dem Schicksal von Flüchtlingskindern und -jugendlichen, die ohne Personenberechtigten nach Deutschland einreisen. Zu diesem Zweck wurden die §§ 42a bis 42f SGB VIII geschaffen. Diese regeln die notwendigen Erstmaßnahmen des „aufgreifenden" Jugendamtes (vorläufige Inobhutnahme) sowie das Verfahren zur Verteilung dieser unbegleiteten Minderjährigen (UMF) auf die Bundesländer.

Praxisnah erläutert die nachfolgende Einführung Bedeutung und Tragweite des SGB VIII; sie macht es leicht, Überblick zu gewinnen über das aktuelle Recht der Kinder- und Jugendhilfe.

Horst Marburger

1

Abkürzungen

Abs.	Absatz
AOK	Allgemeine Ortskrankenkasse
BGB	Bürgerliches Gesetzbuch
BGBl.	Bundesgesetzblatt
BKiSchG	Bundeskinderschutzgesetz
BZRG	Bundeszentralregistergesetz
FamFG	Gesetz über das Verfahren in Familiensachen und in den Angelegenheiten der freiwilligen Gerichtsbarkeit
FGG-RG	Gesetz zur Reform des Verfahrens in Familiensachen und in den Angelegenheiten der freiwilligen Gerichtsbarkeit
JGG	Jugendgerichtsgesetz
JuSchG	Jugendschutzgesetz
JWG	Jugendwohlfahrtsgesetz
KICK	Kinder- und Jugendhilfeweiterentwicklungsgesetz
KiföG	Kinderförderungsgesetz
KJVVG	Kinder- und Jugendhilfeverwaltungsvereinfachungsgesetz
KKG	Gesetz zur Kooperation und Information im Kinderschutz
Nr.	Nummer
SGB	Sozialgesetzbuch
SGB I	Sozialgesetzbuch – Erstes Buch (Allgemeiner Teil)
SGB V	Sozialgesetzbuch – Fünftes Buch (Gesetzliche Krankenversicherung)
SGB VII	Sozialgesetzbuch – Siebtes Buch (Gesetzliche Unfallversicherung)
SGB VIII	Sozialgesetzbuch – Achtes Buch (Kinder- und Jugendhilfe)
SGB IX	Sozialgesetzbuch – Neuntes Buch (Rehabilitation und Teilhabe behinderter Menschen)
SGB XII	Sozialgesetzbuch – Zwölftes Buch (Sozialhilfe)
UMF	Unbegleiteter Minderjähriger
UVG	Unterhaltsvorschussgesetz

2 Einführung

Grundsätze . . . 11
Das SGB VIII als Teil des Sozialrechts . . . 12
Beteiligung von Kindern und Jugendlichen, Wunsch- und Wahlrecht . . . 12
Kinder- und Jugendschutz . . . 14
Grundsätze der Jugendarbeit . . . 19
Förderung der Erziehung in der Familie . . . 21
Förderung von Kindern in Tageseinrichtungen und Kindertagespflege . . . 23
Hilfe zur Erziehung . . . 26
Eingliederungshilfe . . . 28
Krankenhilfe . . . 29
Andere Aufgaben der Jugendhilfe . . . 30
Inobhutnahme bei Kindeswohlgefährdung . . . 30
Vorläufige Inobhutnahme unbegleiteter Minderjähriger (UMF) . . . 31
Erlaubnis zur Kindertagespflege, Familienpflege . . . 33
Jugendhilfe im Strafverfahren – Jugendstrafrecht . . . 34
Feststellung der Vaterschaft . . . 36
Sorgeregister . . . 37
Beistandschaft – Amtspflegschaft – Amtsvormundschaft . . . 37
Träger der öffentlichen Jugendhilfe . . . 45
Fachkräftegebot . . . 47
Gesamtverantwortung . . . 49
Jugendhilfeplanung . . . 51
Zuständigkeiten . . . 52
Kostenbeteiligung . . . 53
Kinder- und Jugendhilfestatistik . . . 54
Verfahren vor dem Familiengericht . . . 55

Einführung in das SGB VIII (Kinder- und Jugendhilfe)

Grundsätze

Das SGB VIII ist aus dem Kinder- und Jugendhilfegesetz (KJHG) entstanden, das an die Stelle des Jugendwohlfahrtsgesetzes (JWG) getreten war.

Das SGB VIII regelt die Kinder- und Jugendhilfe, die selbst allerdings fachlich nicht eindeutig definiert ist. Was es bezwecken will, ergibt sich am ehesten aus den Allgemeinen Vorschriften, die in den §§ 1 bis 10 enthalten sind.

In § 1 SGB VIII wird das Recht auf Erziehung als Recht eines jeden jungen Menschen dargestellt. Es wird hier davon gesprochen, dass jeder junge Mensch ein Recht auf Förderung seiner Entwicklung und auf Erziehung zu einer eigenverantwortlichen und gemeinschaftsfähigen Persönlichkeit hat.

Die Vorschrift des § 1 SGB VIII beschreibt ein Dreiecksverhältnis:
Kind – Eltern – Staat.

Allerdings heißt es in § 1 SGB VIII (anknüpfend an die Vorgabe des Art. 6 Abs. 2 GG) zunächst, dass Pflege und Erziehung der Kinder das natürliche Recht der Eltern und die zuvörderst ihnen obliegende Pflicht sind. Die Elternschaft bringt also sowohl Rechte als auch Pflichten. Über die Ausübung der Pflichten wacht die staatliche Gemeinschaft.

§ 2 SGB VIII bestimmt die Aufgaben der Jugendhilfe. Diese umfasst – so heißt es hier – Leistungen und andere Aufgaben zugunsten junger Menschen und Familien.

§ 3 SGB VIII unterscheidet zwischen der freien und der öffentlichen Jugendhilfe. Zunächst wird hier hervorgehoben, dass die Jugendhilfe durch die Vielfalt von Trägern unterschiedlicher Wertorientierungen und die Vielfalt von Inhalten, Methoden und Arbeitsformen gekennzeichnet ist.

Zwar werden – so der Gesetzestext – Leistungen der Jugendhilfe von Trägern der freien Jugendhilfe und von Trägern der öffentlichen Jugendhilfe erbracht. Allerdings richten sich Leistungsverpflichtungen aus dem SGB VIII immer an die Träger der öffentlichen Jugendhilfe.

In § 4 SGB VIII wird die Zusammenarbeit der öffentlichen Jugendhilfe mit der freien Jugendhilfe geregelt. Das Gesetz zielt hier auf eine partnerschaftliche Zusammenarbeit. Die öffentliche Jugendhilfe hat dabei die Selbstständigkeit der freien Jugendhilfe zu achten in

- Zielsetzung ihrer Aufgaben
- Durchführung ihrer Aufgaben
- Gestaltung ihrer Organisationsstruktur.

§ 4 Abs. 2 SGB VIII sieht eine Subsidiarität für die öffentliche Jugendhilfe vor. Soweit nämlich geeignete Einrichtungen, Dienste und Veranstaltungen von anerkannten Trägern der freien Jugendhilfe betrieben werden oder rechtzeitig geschaffen werden können, soll die öffentliche Jugendhilfe von eigenen Maßnahmen absehen.

2

Da es sich hier um eine Sollvorschrift handelt, bedeutet dies, dass der Träger der öffentlichen Jugendhilfe im Rahmen seines Ermessens zu entscheiden hat, ob er Leistungen gewährt oder nicht.

Insoweit ist § 39 Sozialgesetzbuch – Erstes Buch (SGB I) zu beachten. Sind danach nämlich die Leistungsträger ermächtigt, bei der Entscheidung über Sozialleistungen nach ihrem Ermessen zu handeln, haben sie dieses Ermessen entsprechend dem Zweck der Ermächtigung auszuüben und die gesetzlichen Grenzen des Ermessens einzuhalten. Auf pflichtgemäße Ausübung des Ermessens besteht ein Anspruch.

Das SGB VIII als Teil des Sozialrechts

Dass das SGB VIII ein Bestandteil des Sozialrechts ist, ergibt sich bereits aus § 1 SGB I. Dort werden die Aufgaben des SGB, das wiederum die wichtigste Rechtsgrundlage für das Sozialrecht ist, aufgezählt. So heißt es hier, dass das Recht des SGB zur Verwirklichung sozialer Gerechtigkeit und sozialer Sicherheit Sozialleistungen einschließlich sozialer und erzieherischer Hilfen gestalten soll. Es soll dazu beitragen, ein menschenwürdiges Dasein zu sichern, aber auch gleiche Voraussetzungen für die freie Entfaltung der Persönlichkeit, insbesondere auch für junge Menschen, zu schaffen. Ferner soll unter anderem die Familie geschützt und gefördert werden.

§ 27 SGB I bestimmt über die Leistungen der Kinder- und Jugendhilfe und über die durchführenden Stellen (siehe Schaubild auf Seite 13).

Die Begriffsbestimmungen sind in § 7 SGB VIII geregelt (siehe Schaubild auf Seite 14).

Beteiligung von Kindern und Jugendlichen, Wunsch- und Wahlrecht

Das SGB VIII sieht zwar vor, dass Pflege und Erziehung der Kinder das natürliche Recht sowie die Pflicht der Eltern ist. Hierüber wacht gewissermaßen die öffentliche Jugendhilfe. Daran sind aber die Kinder und Jugendlichen zu beteiligen (§ 8 SGB VIII). Dies hat entsprechend deren Entwicklungsstand zu geschehen.

Die Beteiligung ist für alle Entscheidungen der Jugendhilfe, die Kinder und Jugendliche betreffen, vorgesehen. Sie sind in geeigneter Weise hinzuweisen auf ihre Rechte im

- Verwaltungsverfahren sowie
- Verfahren vor dem Familiengericht und dem Verwaltungsgericht.

Begriffsbestimmungen

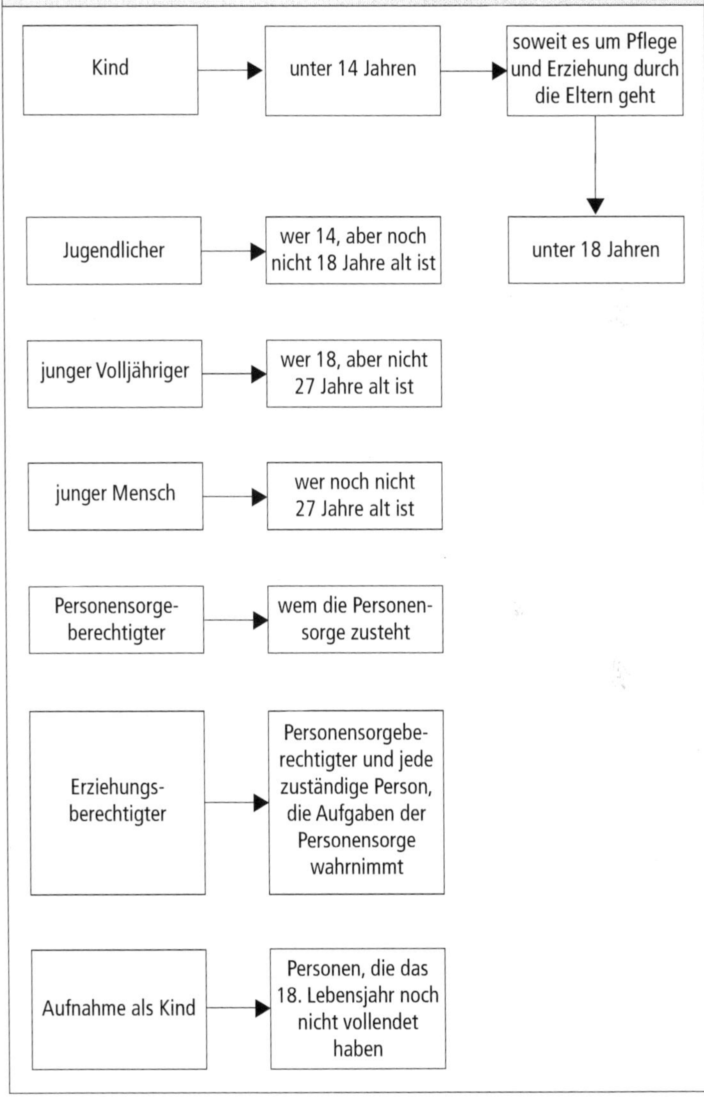

Kinder und Jugendliche haben das Recht, sich in allen Angelegenheiten der Erziehung und Entwicklung an das Jugendamt zu wenden.

§ 8 Abs. 3 SGB VIII bestimmt, dass Kinder und Jugendliche einen unbedingten eigenen Anspruch auf Beratung in Krisen- und Konfliktsituationen haben, das heißt beraten werden müssen.

Die hier angesprochene Not- und Konfliktsituation muss nicht mit einer Gefahr für Leib und Leben des Kindes verbunden sein. Es ist jedoch erforderlich, dass ohne diese Beratung eine Beeinträchtigung der Entwicklung des Kindes eintreten wird.

Neben den erwähnten Mitwirkungsrechten sieht § 5 SGB VIII ein Wunsch- und Wahlrecht vor. Die Leistungsberechtigten haben nämlich das Recht, zwischen Einrichtungen und Diensten verschiedener Träger zu wählen und Wünsche hinsichtlich der Gestaltung der Hilfe zu äußern. Auf dieses Recht sind sie hinzuweisen.

§ 5 Abs. 2 SGB VIII enthält einen Grundsatz, der sich beispielsweise auch im Sozialhilferecht findet. Danach soll der Wahl und den Wünschen nämlich entsprochen werden, sofern dies nicht mit unverhältnismäßigen Mehrkosten verbunden ist.

Kinder- und Jugendschutz

Kinder- und Jugendschutz ist eine zentrale Aufgabe (§ 1 Abs. 3 Nr. 3 SGB VIII) und ein durchgängiges Prinzip der gesamten Jugendhilfe und Jugendpolitik. Aufgabe des Jugendschutzes ist es, die Rechte und Chancen von Kindern und Jugendlichen auf eine gesunde Entwicklung zu sichern sowie ihre Erziehung zu einer eigenverantwortlichen und gemeinschaftsfähigen Persönlichkeit zu fördern. Dabei sollen Kinder und Jugendliche vor Gefährdungen geschützt und gegenüber Beeinträchtigungen aller Art geschützt werden.

Bundeskinderschutzgesetz

Mit dem Bundeskinderschutzgesetz (BKiSchG) wurde zum 1. 1. 2012 der aktive Schutz von Kindern und Jugendlichen gestärkt:

Artikel 1 des Bundeskinderschutzgesetzes umfasst das Gesetz zur Kooperation und Information im Kinderschutz (KKG).

Ziel des KKG ist es, das Wohl von Kindern und Jugendlichen zu schützen und ihre körperliche, geistige und seelische Entwicklung zu fördern.

§ 1 KKG weist darauf hin, dass Pflege und Erziehung der Kinder und Jugendlichen das natürliche Recht der Eltern und zugleich ihre oberste Pflicht sind. Über ihre Betätigung wacht die staatliche Gesellschaft. Diese unterstützt – soweit erforderlich – die Eltern bei der Wahrnehmung ihres Erziehungsrechts sowie ihrer Erziehungsverantwortung. Die Ziele dieser Unterstützung beschreibt § 1 Abs. 3 KKG im Einzelnen.

Die nach Landesrecht zuständigen Stellen haben die Eltern über Unterstützungsangebote in Fragen der Kindesentwicklung zu unterstützen (§ 2 KGG).

§ 3 KKG enthält Rahmenbedingungen für verbindliche Netzwerkstrukturen im Kinderschutz.

Bei Gefährdung des Kindeswohls wurde mit § 4 KKG eine Befugnisnorm für Berufsgeheimnisträger (z. B. Ärzte, Lehrer) zur Informationsweitergabe an das Jugendamt eingeführt.

Kindeswohlgefährdung: Schutzauftrag des Jugendamts

Von besonderer Bedeutung ist der Schutzauftrag des Jugendamtes, wenn eine Gefährdung des Kindeswohls droht. Werden dem Jugendamt gewichtige Anhaltspunkte für die Gefährdung des Wohls eines Kindes oder Jugendlichen bekannt, so ist es verpflichtet, tätig zu werden.

Die in der Vergangenheit bekannt gewordenen Einzelfälle schwerwiegender Kindeswohlgefährdung haben gezeigt, dass es bei der Umsetzung der im Rahmen des Kinder- und Jugendhilfeweiterentwicklungsgesetzes (KICK) im Jahr 2005 eingeführten Regelung in § 8a SGB VIII noch Unsicherheiten gab. Der Gesetzgeber hat mit Änderungen durch das BKiSchG versucht, die gesetzliche Regelung klarer zu fassen und in den Absätzen 1 bis 3 einen Prüfungskatalog entwickelt.

Werden also gewichtige Anhaltspunkte für eine Kindeswohlgefährdung bekannt, muss das Jugendamt das Gefährdungsrisiko im Zusammenwirken mehrerer Fachkräfte einschätzen.

Einzubeziehen sind dabei:

- die Personensorgeberechtigten
- das Kind oder der Jugendliche

Das hat aber nur zu geschehen, soweit dadurch der wirksame Schutz des Kindes oder des Jugendlichen nicht in Frage gestellt wird.

Hält das Jugendamt zur Abwendung der Gefährdung die Gewährung von Hilfen für geeignet und notwendig, so hat es diese den Personensorgeberechtigten oder den Erziehungsberechtigten anzubieten (§ 8a Abs. 1 SGB VIII).

Das Familiengericht ist vom Jugendamt anzurufen, wenn es dies für erforderlich hält. Das gilt auch dann, wenn die Personensorgeberechtigten oder die Erziehungsberechtigten nicht bereit oder in der Lage sind, bei der Abschätzung des Gefährdungsrisikos mitzuwirken (§ 8a Abs. 2 SGB VIII).

Wichtig: Besteht eine dringende Gefahr und kann die Entscheidung des Gerichts nicht abgewartet werden, so ist das Jugendamt verpflichtet, das

Kind oder den Jugendlichen in Obhut zu nehmen; zur Inobhutnahme nach § 42 SGB VIII siehe auch ab Seite 30.

2

Schließlich werden in § 8a Abs. 3 SGB VIII als Hilfen bei der Kindeswohlgefährdung andere (Sozial-)Leistungsträger, die Einrichtungen der Gesundheitshilfe und die Polizei (Staatsanwaltschaft) genannt. Sollte deren Einschaltung erforderlich sein, ist zuerst auf die freiwillige Inanspruchnahme durch die Eltern hinzuwirken. Bei einer dringlichen Sachlage und zur Vermeidung weiterer schwerer Gefährdungshandlungen hat das Jugendamt die Pflicht, diese anderen Helfer direkt einzuschalten. Dies gilt auch bei fehlender Mitwirkung der Eltern.

Zum lückenlosen Schutz vor Kindeswohlgefährdungen ist die Einbeziehung der freien Träger von Einrichtungen und Diensten erforderlich, die Leistungen nach dem SGB VIII erbringen. Dies ist über Vereinbarungen zu erreichen, mit denen die Einhaltung des Schutzauftrags auch durch deren Fachkräfte gewährleistet wird. Sie haben ebenso insoweit erfahrene Fachkräfte bei der Einschätzung der Gefährdung hinzuzuziehen, den Betroffenen angemessene Hilfen anzubieten und das Jugendamt zu informieren, wenn die angenommenen Hilfen nicht ausreichen. Ziel von § 8a Abs. 4 SGB VIII ist es, dass freie Träger eine auf ihren Aufgabenbereich abgestimmte spezifische und qualifizierte Beratung durch eine insoweit erfahrene Fachkraft des Jugendamts erhalten. Das Jugendamt hat insoweit die Verpflichtung entsprechende Vereinbarungen mit diesen Trägern abzuschließen.

Werden einem örtlichen Träger Anhaltspunkte für eine Kindeswohlgefährdung bekannt, so ist der für die Gewährung von Leistungen zuständige Träger zu informieren (§ 8a Abs. 5 SGB VIII). Insbesondere ein Wohnorts- und/oder Zuständigkeitswechsel darf nicht dazu führen, dass die vorhandenen Kenntnisse über die Gefährdungssituation eines Kindes verloren gehen und auf diese Weise ein rechtzeitiges Tätigwerden zu seinem Schutz verhindert wird.

§ 8b SGB VIII enthält Regelungen zur fachlichen Beratung und Begleitung von kinder- und jugendnahen Berufsgruppen in Fragen der Gefährdungseinschätzung im konkreten Einzelfall (Absatz 1) sowie die Beratung von Trägern von Einrichtungen bei der Entwicklung und Anwendung fachlicher Leitlinien zur Sicherung des Kindeswohls und zum Schutz vor Gewalt (Absatz 2).

Neben dem Schutzauftrag des Jugendamts werden drei Arten des Jugendschutzes unterschieden:

- erzieherischer Jugendschutz, welcher in § 14 SGB VIII geregelt ist
- gesetzlicher Jugendschutz, welcher vor allem im Jugendschutzgesetz (JuSchG) geregelt ist
- struktureller Jugendschutz.

Der erzieherische Jugendschutz (§ 14 SGB VIII)

Der erzieherische Jugendschutz, der auf die Möglichkeit der erzieherischen Beeinflussung setzt, soll Eltern und andere Erziehungsberechtigte besser befähigen, Kinder und Jugendliche vor gefährdenden Einflüssen zu schützen (§ 14 Abs. 2 Nr. 2 SGB VIII). Zum anderen sollen die Maßnahmen des erzieherischen Jugendschutzes junge Menschen befähigen, sich vor gefährdenden Einflüssen zu schützen und sie zu Kritik- und Entscheidungsfähigkeit, Eigenverantwortlichkeit sowie zu verantwortlichem Handeln gegenüber ihren Mitmenschen führen (§ 14 Abs. 2 Nr. 1 SGB VIII).

Systematisch ist der erzieherische Kinder- und Jugendschutz zwischen der Jugendsozialarbeit (§ 13 SGB VIII) und der Elternarbeit (§ 16 SGB VIII) einzuordnen.

Während Adressaten des erzieherischen Jugendschutzes stets die Träger der Jugendhilfe sind, sind Leistungsempfänger Kinder, Jugendliche und junge Menschen bis zu einem Alter von 27 Jahren, deren Eltern und andere Erziehungsberechtigte. Andere Erziehungsberechtigte können zum Beispiel Kindergartenerzieher, Lehrer, Jugendgruppenleiter, Fachwarte in Vereinen, als auch Betreuer sein.

Der erzieherische Jugendschutz lässt sich in drei Tätigkeitsfelder unterteilen; einer primär- und sekundärpräventiven als auch einer aufsichtlichen Tätigkeit bzw. einem entsprechenden Handlungsfeld.

- Primärpräventive, d. h. vorrangig vorbeugende Tätigkeiten der Jugendhilfe sind dabei unter anderem:
  - Jugendarbeit (§ 11 SGB VIII)
  - Jugendsozialarbeit (§ 13 SGB VIII)
  - Förderung der Erziehung in der Familie (§ 16 ff. SGB VIII).
- Sekundärpräventive Tätigkeiten sind Aufklärungsprogramme über Gefahren, welche z. B. ausgehen von
  - Drogen
  - Alkohol
  - Jugendsekten.

Mittelpunkt der Tätigkeit ist demnach immer der Schutz des jungen Menschen vor möglichen gefährdenden Einflüssen, wie z. B. Alkoholmissbrauch, übermäßiger und falscher Mediengebrauch, Drogenkonsum, Spielsucht, Mitwirken in gewaltbereiten Gruppen, Mitgliedschaft in Jugendsekten.

- Aufsichtlicher Jugendschutz geschieht unter anderem durch:
  - Adoptionsvermittlung
  - Pflegekinderschutz
  - Betriebserlaubnisse für Einrichtungen

– Vormundschaften
– Pflegschaften

Der aufsichtliche Jugendschutz erfolgt hoheitlich.

§ 14 SGB VIII ist als sogenannte Soll-Vorschrift ausgestaltet. Danach muss der Träger der öffentlichen Jugendhilfe im Normalfall Angebote des erzieherischen Jugendschutzes vorhalten und unterbreiten. Davon kann auch nur ausnahmsweise in atypischen Einzelfällen abgewichen werden, da nur so eine fehlerfreie Ermessensausübung möglich ist. Ein verbindlicher Rechtsanspruch auf die Angebote des erzieherischen Jugendschutzes oder gar auf ein ganz bestimmtes Angebot besteht jedoch nicht.

Der gesetzliche Jugendschutz

Vom erzieherischen Jugendschutz ist der gesetzliche, ordnungsrechtliche Jugendschutz zu unterscheiden. Dieser umfasst vor allem Maßnahmen, die von den zuständigen Behörden oder Stellen auf der Grundlage, z. B. des Jugendschutzgesetzes, des Jugendarbeitsschutzgesetzes, des Gaststätten- und Gewerberechts sowie des Strafgesetzbuches oder ergänzender landesrechtlicher Regelungen erlassen werden. Der gesetzliche Jugendschutz soll bei der „freien Entwicklung der Persönlichkeit" des jungen Menschen unterstützend wirken bzw. möglichst einen „Schutzraum" gewährleisten, indem er Gefahren und Störungen auf dem Weg vom Kind zum Erwachsenen abwehrt.

Adressaten des gesetzlichen Jugendschutzes sind vor allem Institutionen, Gewerbetreibende und generell Erwachsene, indem zum Beispiel Abgabeverbote, etwa für Alkohol und Zigaretten, Besuchsverbote, etwa für Diskotheken, Kinos, Gaststätten oder Spielhallen, oder Nutzungsverbote, etwa für jugendgefährdende Medien, statuiert werden. Zur Kontrolle dieser jugendschutzrechtlichen Bestimmungen sind die Ordnungsbehörden/Polizei, als auch nach landesrechtlichen Vorgaben Jugendämter verpflichtet.

Die Vorschriften des gesetzlichen Jugendschutzes sind in der Regel rechtlich bindend und lassen keine Ermessensentscheidung zu.

Der strukturelle Jugendschutz

Unter strukturellem Jugendschutz, welcher meist als Teil des erzieherischen Jugendschutzes mit ganz eigener Bedeutung angesehen wird, versteht man diejenigen Aktivitäten und Maßnahmen der Jugendhilfe, die auf die Lebensbedingungen junger Menschen einwirken und durch strukturelle sowie planerische Maßnahmen Gefährdungspotenzialen entgegenwirken bzw. deren Entstehung verhindern. Er dient der Schaffung kinder- und jugendgerechter Lebensbedingungen, insbesondere durch:

- Finanzplanung
- Verkehrsplanung

- Stadtplanung
- Spielraum- und Freizeitstättenplanung
- Umweltschutz
- Verhinderung von Armut und struktureller Vernachlässigung

Grundsätze der Jugendarbeit

§ 12 SGB VIII bestimmt ausdrücklich, dass die eigenverantwortliche Tätigkeit der Jugendverbände und Jugendgruppen unter Wahrung ihres satzungsgemäßen Eigenlebens nach Maßgabe des § 74 SGB VIII zu fördern ist (siehe nachfolgendes Schaubild).

§ 74 SGB VIII sieht die Förderung der freien Jugendhilfe durch die Träger der öffentlichen Jugendhilfe vor. Zunächst sollen sie die freiwillige Tätigkeit auf dem Gebiet der Jugendhilfe nur anregen. Sie sollen sie allerdings fördern, wenn der jeweilige Träger bestimmte Voraussetzungen erfüllt. So muss er beispielsweise gemeinnützige Ziele verfolgen und die Gewähr für eine den Zielen des Grundgesetzes förderliche Arbeit bieten.

Geht es um Einrichtungen, Dienste und Veranstaltungen, kann die Förderung von der Bereitschaft abhängig gemacht werden, diese Einrichtungen, Dienste und Veranstaltungen nach Maßgabe der Jugendhilfeplanung und unter Beachtung der in § 9 SGB VIII genannten Grundsätze anzubieten.

§ 9 SGB VIII beschäftigt sich mit der Grundrichtung der Erziehung und der Gleichberechtigung von Mädchen und Jungen.

Mit der Jugendsozialarbeit beschäftigt sich § 13 SGB VIII. Absatz 1 sieht sozialpädagogische Hilfen vor. Soweit nämlich junge Menschen zum Ausgleich sozialer Benachteiligungen oder zur Überwindung individueller Beeinträchtigungen in erhöhtem Maße auf Unterstützung angewiesen sind, sollen im Rahmen der Jugendhilfe sozialpädagogische Hilfen angeboten werden. Diese müssen ihre schulische und berufliche Ausbildung, Eingliederung in die Arbeitswelt und ihre soziale Integration fördern.

Auch jungen Menschen, deren Ausbildung nicht sichergestellt ist, können geeignete sozialpädagogisch begleitete Ausbildungs- und Beschäftigungsmaßnahmen angeboten werden. Diese Angebote müssen den Fähigkeiten und dem Entwicklungsstand dieser jungen Menschen Rechnung tragen.

Zudem kann jungen Menschen Unterkunft in sozialpädagogisch begleiteten Wohnformen angeboten werden. Sichergestellt werden sollen in diesen Fällen auch

- der notwendige Unterhalt des jungen Menschen und
- die Krankenhilfe.

Beachten Sie dazu die Ausführungen zum Thema „Krankenhilfe" ab Seite 29 (§ 40 SGB VIII).

2

Grundsätze der Jugendarbeit

Zweck: Förderung der Entwicklung junger Menschen

↓

Schwerpunkte der Jugendarbeit:

- Außerschulische Jugendbildung

und/oder

- Jugendarbeit in
  - Sport
  - Spiel
  - Geselligkeit

und/oder

- Jugendarbeit in Bezug auf
  - Arbeitswelt
  - Schule
  - Familie

und/oder

- Internationale Jugendarbeit

und/oder

- Kinder- und Jugenderholung

und/oder

- Jugendberatung

Angebote kommen von

↓

- Verbänden
- Gruppen
- Initiativen der Jugend
- von anderen Trägern der Jugendarbeit
- den Trägern der öffentlichen Jugendhilfe

↓

können auch Personen, die älter als 27 Jahre sind, einbeziehen

Förderung der Erziehung in der Familie

§§ 16 bis 21 SGB VIII beschäftigen sich mit der Förderung der Erziehung in der Familie. Über die allgemeine Förderung bestimmt § 16 SGB VIII. Diese wird gewährt:

- Müttern
- Vätern
- anderen Erziehungsberechtigten
- jungen Menschen

Beachten Sie zur erforderlichen Ausübung des Ermessens durch den Jugendhilfeträger die Ausführungen zum Thema „Grundsätze“ ab Seite 11.

Die allgemeine Förderung der Erziehung in der Familie soll dazu beitragen, dass die Erziehungsverantwortung von den Genannten besser wahrgenommen werden kann. Es sollen auch Wege aufgezeigt werden, wie Konfliktsituationen in der Familie gewaltfrei gelöst werden können.

§ 16 Abs. 2 SGB VIII beschäftigt sich mit den einzelnen Leistungen zur Förderung der Erziehung in der Familie. Dabei wird allerdings keine abschließende Aufzählung vorgenommen, wie das Wort „insbesondere“ beweist.

Es geht hier neben Angeboten der Beratung auch um Angebote der Familienbildung. Sie sollen auf Bedürfnisse und Interessen sowie auf Erfahrungen von Familien in unterschiedlichen Lebenslagen und Erziehungssituationen eingehen. Die Familie soll zur Mitarbeit in Erziehungseinrichtungen und in Formen der Selbst- und Nachbarschaftshilfe besser befähigt werden. Ferner sollen junge Menschen vorbereitet werden auf

- Ehe,
- Partnerschaft,
- das Zusammenleben mit Kindern.

Diese Leistungen umfassen außerdem Angebote der Familienfreizeit und Familienerholung.

Die Angebote sollen insbesondere in belastenden Familiensituationen gemacht werden und bei Bedarf die erzieherische Betreuung der Kinder einschließen.

§ 16 Absatz 3 SGB VIII sieht vor, dass Müttern und Vätern, schwangeren Frauen und werdenden Vätern Beratung und Hilfe in Fragen der Partnerschaft und des Aufbaus elterlicher Erziehungs- und Beziehungskompetenzen angeboten werden sollen.

Näheres über Inhalt und Umfang der Aufgaben regelt das Landesrecht. Hier (in § 16 Abs. 4 SGB VIII) wird beispielsweise die Bedeutung des Landesrechts im Rahmen der Kinder- und Jugendhilfe hervorgehoben.

Zur Förderung der Erziehung in der Familie gehört auch die in § 17 SGB VIII vorgesehene Beratung in Fragen der

- Partnerschaft,
- Trennung und
- Scheidung.

Weitere Beratung und Unterstützung wird bei der Ausübung der Personensorge und des Umgangsrechts angeboten (§ 18 SGB VIII), nach § 18 Abs. 3 SGB VIII nunmehr auch hinsichtlich der Möglichkeit der gerichtlichen Übertragung der gemeinsamen elterlichen Sorge.

Nach § 19 SGB VIII sollen Mütter oder Väter, die allein für ein Kind unter sechs Jahren zu sorgen haben oder tatsächlich sorgen, gemeinsam mit dem Kind in einer geeigneten Wohnform betreut werden. Dies soll geschehen, wenn und solange sie aufgrund ihrer Persönlichkeitsentwicklung dieser Form der Unterstützung bei der Pflege und Erziehung des Kindes bedürfen. Die Betreuung schließt im Übrigen auch ältere Geschwister ein, sofern die Mutter oder der Vater für sie allein zu sorgen hat.

Eine schwangere Frau kann auch vor der Geburt des Kindes in der Wohnform betreut werden.

Während dieser Zeit soll darauf hingewirkt werden, dass die Mutter oder der Vater eine schulische oder berufliche Ausbildung beginnt oder fortführt oder eine Berufstätigkeit aufnimmt.

Wichtig: Die Leistung soll auch den notwendigen Unterhalt der betreuten Personen sowie die Krankenhilfe umfassen. Beachten Sie die Ausführungen zum Thema „Krankenhilfe" (§ 40 SGB VIII).

Welche Wohnform geeignet ist, gibt das Gesetz nicht vor. Eine der in diesem Zusammenhang geschaffenen Einrichtungen ist das Mutter-Kind-Heim. Es gibt aber auch andere Wohnformen, wie etwa Wohngemeinschaften oder Betreutes Einzelwohnen.

Um die Betreuung und Versorgung des Kindes in Notsituationen geht es in § 20 SGB VIII.

Es handelt sich hier um das Ausfallen des Elternteiles, der die überwiegende Betreuung des Kindes übernommen hat. In einem solchen Fall soll der familiäre Lebensraum erhalten bleiben. Der andere Elternteil soll deshalb bei der Betreuung und Versorgung des im Haushalt lebenden Kindes unterstützt werden. Eine Betreuung ist auch dann möglich, wenn

- ein alleinerziehender Elternteil ausfällt oder
- beide Elternteile ausfallen.

Hier ist allerdings gefordert, dass der Ausfall aus gesundheitlichen oder anderen zwingenden Gründen erfolgt. Zu den anderen zwingenden Gründen gehört beispielsweise eine Kur (Rehabilitationsmaßnahme), eine Entbindung, Inhaftierung oder der Tod.

„Ausfallen“ in diesem Sinne bedeutet nicht, dass sich die betreffende Person nicht mehr im gemeinsamen Haushalt befindet. Sie kann wegen einer schweren Erkrankung nicht mehr in der Lage sein, die Betreuung auszuüben, sich aber trotzdem im gemeinsamen Haushalt befinden.

Hier ist zu beachten, dass auch andere Sozialleistungsträger Hilfen in solchen Fällen vorsehen. Beispielsweise ist hier die Vorschrift des § 38 Sozialgesetzbuch – Fünftes Buch (SGB V) zu nennen. Hier geht es um Leistungen der gesetzlichen Krankenversicherung, und zwar um die Haushaltshilfe.

Förderung von Kindern in Tageseinrichtungen und Kindertagespflege

Die Förderung von Kindern in Tageseinrichtungen und in Kindertagespflege wird in den §§ 22 bis 26 SGB VIII geregelt.

Nach § 22 Abs. 1 SGB VIII sind Tageseinrichtungen Einrichtungen, in denen sich Kinder für einen Teil des Tages oder ganztägig aufhalten und in Gruppen gefördert werden. Dagegen wird Kindertagespflege von einer geeigneten Tagespflegeperson in ihrem Haushalt oder im Haushalt des Personensorgeberechtigten geleistet. Nach entsprechendem Landesrecht kann Kindertagespflege auch in anderen geeigneten Räumen geleistet werden.

Die Aufgaben von Tageseinrichtungen für Kinder und Kindertagespflege werden im Absatz 2 des § 22 SGB VIII beschrieben.

Um die Förderung in Tageseinrichtungen geht es in § 22a SGB VIII. Die Träger der öffentlichen Jugendhilfe sollen die Qualität der Förderung in ihren Einrichtungen durch geeignete Maßnahmen sicherstellen und weiterentwickeln.

Die weiteren Absätze des § 22a SGB VIII sehen noch andere Aufgaben der Träger der öffentlichen Jugendhilfe vor.

§ 23 SGB VIII behandelt die Förderung in Kindertagespflege. Diese umfasst die Vermittlung des Kindes zu einer geeigneten Tagespflegeperson, soweit diese nicht von der erziehungsberechtigten Person nachgewiesen wird. Zur Förderung gehört auch die fachliche Beratung der Pflegeperson, die Begleitung und weitere Qualifizierung sowie die Gewährung einer laufenden Geldleistung an die Tagespflegeperson.

Diese Geldleistung umfasst:

- die Erstattung angemessener Kosten, die der Tagespflegeperson für den Sachaufwand entstehen
- einen angemessenen Beitrag zur Anerkennung ihrer Förderungsleistung

- die Erstattung nachgewiesener Aufwendungen für Beiträge zu einer Unfallversicherung sowie die hälftige Erstattung nachgewiesener Aufwendungen zu einer angemessenen Alterssicherung der Tagespflegeperson.

Soweit Landesrecht nicht etwas anderes bestimmt, wird die Höhe der laufenden Geldleistung von den Trägern der öffentlichen Jugendhilfe festgelegt. Dabei ist der Beitrag zur Anerkennung der Förderungsleistung der Tagespflegeperson leistungsgerecht auszugestalten. Der zeitliche Umfang der Leistung und die Anzahl sowie der Förderbedarf der betreuten Kinder sind dabei zu berücksichtigen.

Es muss sich um Tageseinrichtungen handeln, deren Träger für den Betrieb der Einrichtungen der Erlaubnis nach § 45 SGB VIII oder einer Erlaubnis aufgrund einer entsprechenden landesrechtlichen Regelung bedürfen. Bei der Tagespflegeperson muss es sich um eine solche im Sinne des § 23 SGB VIII handeln (beachten Sie dazu bitte die obigen Ausführungen).

§ 45 SGB VIII beschäftigt sich mit der Erlaubnis für den Betrieb einer Einrichtung, in der Kinder oder Jugendliche ganztägig oder für einen Teil des Tages betreut werden oder Unterkunft erhalten. Für den Betrieb einer solchen Einrichtung ist grundsätzlich eine Erlaubnis erforderlich. Davon gibt es aber einige Ausnahmen. Eine solche Erlaubnis ist beispielsweise dann nicht erforderlich, wenn eine Jugendfreizeiteinrichtung, eine Jugendbildungseinrichtung, eine Jugendherberge oder ein Schullandheim betrieben wird.

Die Betriebserlaubnis kann mit Nebenbestimmungen versehen werden. Möglich ist hier beispielsweise eine Befristung der Betriebserlaubnis.

Rechtsanspruch auf einen Betreuungsplatz

Seit 1. 8. 2013 gilt bezüglich des Betreuungsangebotes in der Tagespflege folgende Abstufung:

Für Kinder, die das erste Lebensjahr noch nicht vollendet haben, gilt eine sogenannte Vorhaltepflicht des Jugendhilfeträgers für Plätze in Tageseinrichtungen und Kindertagespflege für den Altersbereich unter einem Jahr (Krippenplatz). Ein Kleinkind kann bis zum Erreichen des ersten Lebensjahres in einer Einrichtung oder Kindertagespflege gefördert werden, wenn die Betreuung für die persönliche Entwicklung des Kindes notwendig erscheint oder die Eltern (oder der/die Alleinerziehende) berufstätig sind, sich in einer Ausbildung befinden oder sich um eine neue Arbeitsstelle bemühen (§ 24 Abs. 1 SGB VIII). Ein Krippenplatz ist allerdings nicht einklagbar, es besteht darauf kein Rechtsanspruch; der Jugendhilfeträger ist aber verpflichtet, ausreichend Plätze in der Jugendhilfeplanung (§§ 79, 80 SGB VIII) zu berücksichtigen.

Ein- und zweijährige Kinder haben einen Rechtsanspruch auf frühkindliche Förderung in einer Tageseinrichtung oder in der Kindertagespflege (§ 24 Abs. 2 SGB VIII). Der Rechtsanspruch richtet sich dabei gegen den örtlichen Träger der Jugendhilfe (§ 85 Abs. 1 SGB VIII). Er gilt aber nicht für jegliche Betreuungswünsche. Der Anspruch findet seine Grenzen, wenn das Bedürfnis der Eltern nach einer besonders umfangreichen und/oder flexiblen Betreuung im Widerspruch zum Kindeswohl steht. Inhaltlich bezieht sich der Rechtsanspruch auf die frühkindliche Förderung. Diese ist in § 22 SGB VIII als „ganzheitliche Förderung" des Kindes näher definiert und umfasst die Bereiche „Erziehung", „Bildung" und „Betreuung". Das Kind hat also einen Anspruch auf seinem Entwicklungsstand entsprechende Förderung. Das Angebot selbst erstellen die Einrichtungen nach Maßgabe der Vorgaben, die die Träger der öffentlichen Jugendhilfe aufstellen (§ 22a SGB VIII). Das pädagogische Personal muss dabei in der Lage sein, die in den §§ 22, 22a SGB VIII (sowie in den landesrechtlichen Vorschriften) genannten Anforderungen umzusetzen. Sofern die Bundesländer in den Ausführungsvorschriften Personalschlüssel vorgeben, müssen diese eingehalten werden.

Ein Kind, das das dritte Lebensjahr vollendet hat, hat bis zum Schuleintritt ebenfalls einen Rechtsanspruch auf Förderung in einer Tageseinrichtung. Die Träger der öffentlichen Jugendhilfe haben darauf hinzuwirken, dass für diese Altersgruppe ein bedarfsgerechtes Angebot zur Verfügung steht. Das Kind kann bei besonderem Bedarf oder ergänzend auch in Kindertagespflege gefördert werden (§ 24 Abs. 3 SGB VIII).

Für Kinder im schulpflichtigen Alter ist ein bedarfsgerechtes Angebot in Tageseinrichtungen vorzuhalten. Das Kind kann bei besonderem Bedarf oder ergänzend auch noch zusätzlich in Kindertagespflege gefördert werden (§ 24 Abs. 4 SGB VIII). Diese öffentlich-rechtliche Verpflichtung ist nicht einklagbar.

Versicherungsschutz

Im Zusammenhang mit dem Besuch einer Kindertagespflegeeinrichtung ist § 2 Abs. 1 Nr. 8a des Sozialgesetzbuches – Siebtes Buch (SGB VII) zu beachten. Danach unterliegen Kinder dem gesetzlichen Unfallversicherungsschutz während

- des Besuchs von Tageseinrichtungen sowie
- der Betreuung durch Tagespflegepersonen.

Dies bedeutet, dass sie bei einem Unfall in der Tageseinrichtung oder in den Räumen der Tagespflegeperson unter dem Schutz der gesetzlichen Unfallversicherung stehen. Sie haben also bei einem Unfall Anspruch auf Leistungen des zuständigen Unfallversicherungsträgers.

Wichtig: Auch der Weg von oder zur Tageseinrichtung beziehungsweise zur Tagespflegeperson steht unter Unfallversicherungsschutz.

Maßgebend ist hier § 8 Abs. 2 SGB VII. Danach sind als versicherte Tätigkeiten auch das Zurücklegen des mit der versicherten Tätigkeit zusammenhängenden unmittelbaren Weges nach und von dem Ort der Tätigkeit anzusehen.

Unter Umständen besteht aber nicht nur für das Kind Unfallversicherungsschutz. So ist jemand unfallversichert, der sein Kind auf dem Weg zu seiner Arbeitsstelle beispielsweise in eine Tageseinrichtung bringt.

2

Versichert ist nämlich auch das Zurücklegen des von einem unmittelbaren Weg nach und von dem Ort der Tätigkeit abweichenden Weges. Voraussetzung ist, dass dies geschieht, um Kinder von Versicherten, die mit ihnen in einem gemeinsamen Haushalt leben, wegen ihrer, ihrer Ehegatten oder ihrer Lebenspartner beruflichen Tätigkeit fremder Obhut anzuvertrauen.

Hilfe zur Erziehung

§ 27 Abs. 1 SGB VIII sieht den Anspruch auf Hilfe zur Erziehung vor. Voraussetzung ist allerdings, dass eine dem Wohl des Kindes oder des Jugendlichen entsprechende Erziehung nicht gewährleistet ist. Außerdem muss die Hilfe für die Entwicklung des Kindes oder Jugendlichen geeignet und notwendig sein.

Art und Umfang der Hilfe richten sich nach dem erzieherischen Bedarf im Einzelfall. Dabei soll das engere soziale Umfeld des Kindes oder des Jugendlichen einbezogen werden.

Die Erziehungsberatung ist in § 28 SGB VIII vorgesehen. Es geht hier um Erziehungsberatungsstellen und andere Beratungsdienste und -einrichtungen. Diese sollen Kinder, Jugendliche, Eltern und andere Erziehungsberechtigte unterstützen.

Es wird in diesem Zusammenhang von der interdisziplinären Arbeitsweise gesprochen, die eines der Grundprinzipien der Erziehungsberatung ist.

Die Erziehungsberatung wird von Angehörigen verschiedener Berufe durchgeführt, wobei die Praxis bestimmte Grundberufe kennt. Hierzu zählen neben Ärzten und Diplom-Psychologen Sozialberater, analytische Kinder- und Jugendlichen-Psychotherapeuten sowie Heilpädagogen.

Da die gesetzliche Krankenversicherung auch Leistungen der Psychotherapie vorsieht, ist darauf zu achten, dass der betreffende Behandler eine Zulassung zur vertragsärztlichen (kassenärztlichen) Versorgung besitzt. Die Voraussetzungen für die Zulassung von Psychotherapeuten sind insbesondere in § 95c SGB V enthalten. Es wird hier unter anderem die Approbation im Sinne des Psychotherapeutengesetzes gefordert.

Die in § 35 SGB VIII vorgesehene intensive sozialpädagogische Einzelbetreuung soll Jugendlichen gewährt werden, die einer intensiven Unterstützung zur sozialen Integration und zu einer eigenverantwortlichen Lebensführung bedürfen. Diese Hilfe ist in der Regel auf längere Zeit angelegt und soll den individuellen Bedürfnissen des Jugendlichen Rechnung tragen. In der Praxis wird hier von „schwierigen Jugendlichen“ ge-

Hilfe zur Erziehung

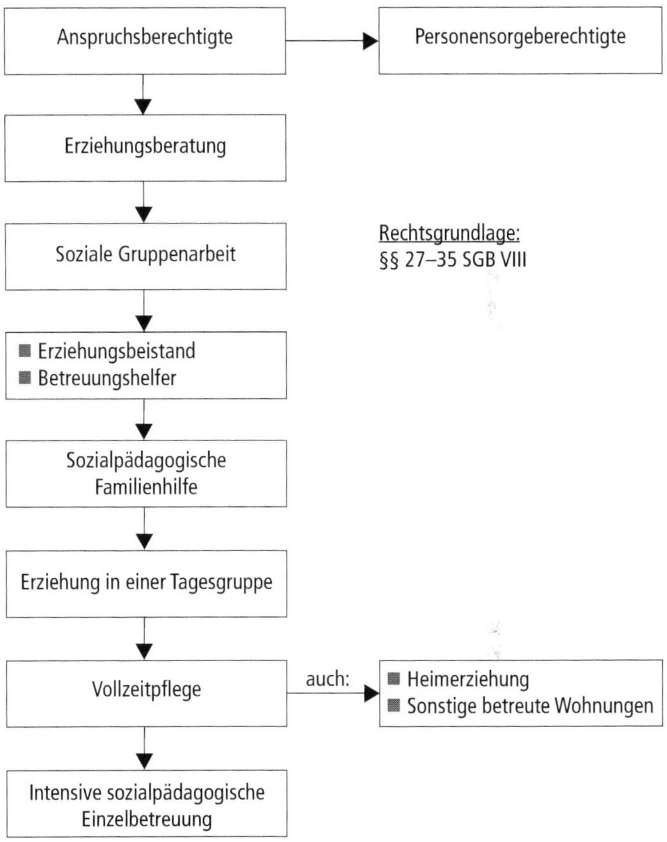

sprochen. Dabei wird allgemein besonderer Wert auf beiderseitige Akzeptanz gelegt.

Natürlich ist auch die Bereitschaft des jungen Menschen erforderlich, sich auf eine entsprechende Beziehung einzulassen.

Die Besonderheit des § 35 SGB VIII liegt in der geforderten Intensität. Um diese zu erreichen, muss beispielsweise ein fundiertes Konzept vorhanden sein. Die Grundlage der Arbeit bildet die individuelle Beziehung.

2

Eingliederungshilfe

In § 35a SGB VIII geht es um Eingliederungshilfe für seelisch behinderte Kinder und Jugendliche. Auf diese Hilfe besteht ein Rechtsanspruch, wenn die in § 35a SGB VIII aufgezählten Voraussetzungen erfüllt sind. Insbesondere wird hier gefordert, dass die seelische Gesundheit des Kindes oder Jugendlichen mit hoher Wahrscheinlichkeit länger als sechs Monate von dem für sein Lebensalter typischen Zustand abweicht. Dadurch muss eine Teilhabe am Leben in der Gesellschaft beeinträchtigt oder eine solche Beeinträchtigung zu erwarten sein.

Allerdings ist zu beachten, dass die Eingliederungshilfe an und für sich Bestandteil der Maßnahmen ist, die das Sozialgesetzbuch – Neuntes Buch (SGB IX) vorsieht. In diesem SGB geht es um Rehabilitation und Teilhabe behinderter Menschen.

Träger der Rehabilitation, die hier zuständig sein könnten, gibt es viele (Krankenkassen, Unfallversicherungsträger, Rentenversicherungsträger, Träger der Entschädigungsverwaltung, Träger der Arbeitsförderung, Träger der Schwerbehindertenhilfe und der Sozialhilfe).

Das SGB IX (Rehabilitation und Teilhabe behinderter Menschen) fordert in diesem Zusammenhang als Leistungsvoraussetzung das Vorliegen einer Behinderung.

§ 35a Abs. 1a SGB VIII fordert das Hinzuziehen beispielsweise eines Arztes für Kinder- und Jugendpsychiatrie und -psychotherapie.

In der hier geforderten Stellungnahme dieses Arztes ist auch darzulegen, ob die Abweichung von dem für das Lebensalter des Betreffenden typischen Zustand Krankheitswert hat oder auf einer Krankheit beruht.

Die Hilfe wird nach dem Bedarf entweder in ambulanter Form oder in besonderen Einrichtungen gewährt.

Aufgabe und Ziel der Hilfe, die Bestimmung des Personenkreises wie die Art der Leistungen richten sich nach § 53 Abs. 3 und 4 Satz 1, den §§ 54, 56 und 57 des Sozialgesetzbuches – Zwölftes Buch (SGB XII). Dies gilt, soweit diese Bestimmungen auch auf seelisch behinderte oder von einer solchen Behinderung bedrohte Personen Anwendung finden.

Die Vorschriften befinden sich im sechsten Kapitel des SGB XII, das die Überschrift trägt: „Eingliederungshilfe für behinderte Menschen“. In § 53 Abs. 3 SGB XII heißt es, dass es besondere Aufgabe der Eingliederungshilfe sei, eine drohende Behinderung zu verhüten oder eine Behinderung oder deren Folgen zu beseitigen oder zu mildern. Ferner sind die behinderten Menschen in die Gesellschaft einzugliedern. Dazu gehört es insbesondere, den behinderten Menschen die Teilnahme am Leben in der Gemeinschaft zu ermöglichen oder zu erleichtern, ihnen die Ausübung eines angemessenen Berufs oder einer sonstigen angemessenen Tätigkeit zu ermöglichen oder sie so weit wie möglich unabhängig von Pflege zu machen.

In § 53 Abs. 4 Satz 1 SGB XII wird ausdrücklich auf die Vorschriften des SGB IX verwiesen. Beachten Sie dazu bitte die vorstehenden Ausführungen.

§ 54 SGB XII beschreibt die Leistungen der Eingliederungshilfe. Beispielsweise werden hier Hilfen zu einer angemessenen Schulbildung, insbesondere im Rahmen der allgemeinen Schulpflicht und zum Besuch weiterführender Schulen einschließlich der Vorbereitung dazu, vorgesehen. Ferner wird die Hilfe zur schulischen Ausbildung angesprochen. Die Leistungen zur medizinischen Rehabilitation und zur Teilhabe am Arbeitsleben entsprechen jeweils den Rehabilitationsleistungen der gesetzlichen Krankenversicherung oder der Bundesagentur für Arbeit (Arbeitsförderung).

Nach § 56 SGB XII kann Hilfe in einer den anerkannten Werkstätten für behinderte Menschen nach § 41 SGB IX vergleichbaren sonstigen Beschäftigungsstätten geleistet werden. § 57 SGB XII sieht ein trägerübergreifendes Persönliches Budget vor.

Die §§ 36 bis 40 SGB VIII beschäftigen sich mit gemeinsamen Vorschriften für die Hilfe zur Erziehung und die Eingliederungshilfe für seelisch behinderte Kinder und Jugendliche. Der Träger der öffentlichen Jugendhilfe hat die Kosten der Hilfe grundsätzlich nur dann zu tragen, wenn sie auf der Grundlage seiner Entscheidung nach Maßgabe des Hilfeplanes unter Beachtung des Wunsch- und Wahlrechts erbracht wird (§ 36a SGB VIII). Beachten Sie zum Wunsch- und Wahlrecht die Ausführungen zum Thema „Beteiligung von Kindern und Jugendlichen, Wunsch- und Wahlrecht". Dies gilt auch in den Fällen, in denen Eltern durch das Familiengericht oder Jugendliche und junge Volljährige durch den Jugendrichter zur Inanspruchnahme von Hilfen verpflichtet werden.

Krankenhilfe

§ 40 SGB VIII sieht die Gewährung von Krankenhilfe in bestimmten Fällen vor. Dabei wird auf die §§ 47 bis 52 SGB XII verwiesen. Ergänzend wird ausgeführt, dass Krankenhilfe den im Einzelfall notwendigen Bedarf in voller Höhe befriedigen muss. Zuzahlungen und Eigenbeteiligungen sind vom Träger der Jugendhilfe zu übernehmen. Das Jugendamt kann in geeigneten Fällen die Beiträge für eine freiwillige Krankenversicherung übernehmen, soweit sie angemessen sind.

Die §§ 47 bis 52 SGB XII tragen die Überschrift „Hilfen zur Gesundheit". Zum einen geht es hier (in § 47 SGB XII) um die vorbeugende Gesundheitshilfe. Zur Verhütung und Früherkennung von Krankheiten werden die medizinischen Vorsorgeleistungen und Untersuchungen erbracht.

Andere Leistungen werden nur gewährt, wenn ohne diese nach ärztlichem Urteil eine Erkrankung oder ein sonstiger Gesundheitsschaden einzutreten droht.

Um eine Krankheit zu erkennen, zu heilen, ihre Verschlimmerung zu verhüten oder Krankheitsbeschwerden zu lindern, werden Leistungen zur Krankenbehandlung entsprechend den maßgebenden Vorschriften des SGB V erbracht. Die Regelungen zur Krankenbehandlung nach § 264 SGB V gehen den Leistungen der Hilfe bei Krankheit vor. In § 264 SGB V wird bestimmt, dass die Krankenkassen im Rahmen eines Auftragsgeschäftes Leistungen für (insbesondere) Sozialhilfeempfänger erbringen. Die Hilfe bei Krankheit wird in § 48 SGB XII vorgesehen. In § 49 SGB XII geht es um die Hilfe zur Familienplanung, während § 50 SGB XII die Hilfe bei Schwangerschaft und Mutterschaft vorsieht. § 51 SGB XII behandelt die Hilfe bei Sterilisation.

In § 52 SGB XII wird ausdrücklich vorgeschrieben, dass die angesprochenen Leistungen den Leistungen der gesetzlichen Krankenversicherung entsprechen. Leistungsberechtigte haben die freie Wahl unter den Ärzten und Zahnärzten sowie den Krankenhäusern, entsprechend den Bestimmungen der gesetzlichen Krankenversicherung.

Ärzte, Psychotherapeuten und Zahnärzte haben für ihre Leistungen Anspruch auf die Vergütung, welche die Allgemeine Ortskrankenkasse (AOK), in deren Bereich der Arzt, Psychotherapeut oder der Zahnarzt niedergelassen ist, für ihre Mitglieder zahlt.

Andere Aufgaben der Jugendhilfe

Das dritte Kapitel des SGB VIII beschäftigt sich in den §§42 bis 60 mit „anderen Aufgaben der Jugendhilfe“. Unterschieden wird dabei nach:

- vorläufigen Maßnahmen zum Schutz von Kindern und Jugendlichen
- Schutz von Kindern und Jugendlichen in Familienpflege und in Einrichtungen
- Mitwirkung in gerichtlichen Verfahren
- Beistandschaft, Pflegschaft und Vormundschaft für Kinder und Jugendliche, Auskunft über Nichtabgabe von Sorgeerklärungen
- Beurkundung und Beglaubigung vollstreckbarer Urkunden

Dies sind Aufgaben, die nur durch einen öffentlichen Jugendhilfeträger per Verwaltungsakt erfolgen dürfen. Allerdings kann sich dieser bei der Durchführung freier Träger bedienen.

Inobhutnahme bei Kindeswohlgefährdung

In § 42 SGB VIII geht es um die Inobhutnahme von Kindern und Jugendlichen. Hierzu ist das Jugendamt nicht nur berechtigt, sondern in bestimmten Fällen verpflichtet. Insbesondere besteht ein solches Recht beziehungsweise eine solche Pflicht, wenn eine dringende Gefahr für das Wohl des Kindes oder des Jugendlichen die Inobhutnahme erfordert. Allerdings darf hier der Personensorgeberechtigte oder dürfen die Personensorgeberechtigten nicht widersprechen oder eine familiengerichtliche Entscheidung kann nicht rechtzeitig eingeholt werden.

Allgemein wird von einer vorläufigen Krisenintervention zum Schutz des Kindes oder Jugendlichen gesprochen. Das Jugendamt kann unmittelbar zum Schutz des Kindes oder Jugendlichen in Eil- und Notfällen handeln.

§ 42 SGB VIII sieht sowohl einen Leistungsanspruch als auch das Recht des Eingriffs durch das Jugendamt vor.

Wichtig: Nach § 42 Abs. 5 SGB VIII sind freiheitsentziehende Maßnahmen im Rahmen der Inobhutnahme nur zulässig, wenn und soweit sie erforderlich sind, um eine Gefahr für Leib oder Leben des Kindes oder des Jugendlichen oder eine Gefahr für Leib und Leben Dritter abzuwenden.

Die Freiheitsentziehung ist ohne gerichtliche Entscheidung spätestens mit Ablauf des Tages nach ihrem Beginn zu beenden.

Vorläufige Inobhutnahme unbegleiteter Minderjähriger (UMF)

Das Gesetz zur Verbesserung der Unterbringung, Versorgung und Betreuung ausländischer Kinder und Jugendlicher vom 28. 10. 2015 ist im Wesentlichen am 1. 11. 2015 in Kraft getreten. Die Vorschrift gehört zum sogenannten Asylpaket, das im Oktober 2015 im Eilverfahren beschlossen wurde. Dieses Gesetzespaket, insbesondere auch das Asylverfahrensbeschleunigungsgesetz vom 20. 10. 2015, beschäftigt sich mit der Auf- bzw. Nichtaufnahme und Versorgung der großen Zahl von Flüchtlingen, die seit Mitte 2015 nach Deutschland kommen.

Mit dem Gesetz zur Verbesserung der Unterbringung, Versorgung und Betreuung ausländischer Kinder und Jugendlicher wurde das Institut „vorläufige Inobhutnahme" durch Einfügung der §§ 42a bis 42f SGB VIII geschaffen. Ziel ist eine gerechtere Verteilung der ausländischen Kinder und Jugendlichen auf die Bundesländer.

§ 42a Abs. 1 SGB VIII bestimmt, dass das Jugendamt nicht nur berechtigt, sondern verpflichtet ist, ein ausländisches Kind oder einen ausländischen Jugendlichen vorläufig in Obhut zu nehmen, sobald dessen unbegleitete Einreise nach Deutschland festgestellt bzw. der Minderjährige in Deutschland aufgegriffen wird.

Zuständig für diese Maßnahme ist zunächst das Jugendamt am Ort des „Aufgriffs" bzw. dort, wo sich das Kind/der Jugendliche vor Inobhutnahme aktuell aufhält (§ 88a Abs. 1 SGB VIII), so genanntes „Transitjugendamt".

§ 42a Abs. 2 SGB VIII bringt für das Jugendamt die Pflicht, gewisse Einschätzungen (sog. Erstscreening) vorzunehmen. So ist beispielsweise zu beurteilen, ob das Wohl des Kindes oder des Jugendlichen durch die

Durchführung des Verteilungsverfahrens gefährdert würde. Zu prüfen ist hier das Vorliegen einer Beeinträchtigung der körperlichen und seelischen Verfassung.

Eine weitere Einschätzung ist dahingehend vorzunehmen, ob sich eine mit dem Kind oder dem Jugendlichen verwandte Person im In- oder Ausland aufhält, um die Möglichkeit der Familienzusammenführung feststellen zu können.

Eine enge soziale Bindung zu Geschwistern oder zu anderen unbegleiteten ausländischen Kindern oder Jugendlichen kann eine gemeinsame Verteilung und weitere Unterbringung notwendig machen. Es sind deshalb im Screeningprozess diesbezügliche Kontakte zu erforschen.

Um auszuschließen, dass Kinder und Jugendliche mit ansteckenden Krankheiten verteilt und dadurch Dritte gefährdet werden, muss in der Regel eine ärztliche Stellungnahme zum Gesundheitszustand des Minderjährigen eingeholt werden. Dauert die Krankheit länger als vierzehn Werktage, so wird auf die Durchführung des Verteilungsverfahrens verzichtet mit der Folge, dass der Minderjährige dauerhaft dem einschätzenden Jugendamt „zugeteilt“ bleibt.

§ 42f SGB VIII sieht zudem im Rahmen des Erstscreenings ein behördliches Verfahren zur Altersfeststellung der ausländischen Kinder und Jugendlichen vor. Hier ist ebenfalls die Veranlassung einer ärztlichen Untersuchung vorgesehen. Dies gilt aber nur in Zweifelsfällen, die nicht anders ausgeräumt werden können. Bevor zu dieser Maßnahme gegriffen wird, muss das Jugendamt mit milderen Mitteln versuchen, das Alter des Kindes bzw. des Jugendlichen herauszufinden. Grundsätzlich hat die Altersfeststellung auf der Grundlage von Standards zu erfolgen, wie sie beispielsweise die Bundesarbeitsgemeinschaft der Landesjugendämter in ihren „Handlungsempfehlungen zum Umgang mit unbegleiteten minderjährigen Flüchtigen“ auf ihrer 116. Arbeitstagung beschlossen hat (Mai 2014).

Auf der Grundlage des Ergebnisses dieser Einschätzung muss das Transitjugendamt über die Anmeldung des Kindes oder des Jugendlichen zur Verteilung bzw. über den Ausschluss der Verteilung entscheiden. Wenn keine Gründe gegen die Verteilung des Minderjährigen sprechen, meldet das Jugendamt den Minderjährigen zur Verteilung an.

Das Verteilungsverfahren selbst wird überwiegend in § 42b SGB VIII geregelt. Die Aufnahmequote für die Bundesländer wird dabei mit einem Schlüssel festgelegt (§ 42c Abs. 1 SGB VIII).

Die Verteilung soll nach Möglichkeit innerhalb von vierzehn Werktagen erfolgen. Dazu wurde folgender Ablaufplan entwickelt:

- Die vorläufige Inobhutnahme muss durch das zuständige Jugendamt innerhalb von sieben Werktagen an die Landesstelle gemeldet werden (§ 42a Abs. 4 SGB VIII).

- Die Landesstelle hat innerhalb von drei Werktagen dem Bundesverwaltungsamt (BVA) mitzuteilen, ob Verteilungshindernisse vorliegen oder ob der Minderjährige verteilt werden kann (§42b Abs. 3 Satz 3 SGB VIII).
- Das BVA bestimmt innerhalb von zwei Werktagen nach Anmeldung des Minderjährigen das zur Aufnahme verpflichtete Bundsesland (§42b Abs. 1 SGB VIII). Vorrangig soll das Bundesland benannt werden, in dessen Bereich das Jugendamt liegt, das den Minderjährigen vorläufig in Obhut genommen hat. Hat dieses Bundesland die Aufnahmequote bereits erfüllt, soll das nächstgelegene Bundesland benannt werden, welches seine Quote noch nicht erfüllt hat.
- Nach der Benennung des Bundeslandes durch das Bundesverwaltungsamt hat die Landesstelle zur Verteilung zwei Werktage Zeit, den Minderjährigen einem Jugendamt innerhalb des Bundeslandes zuzuweisen (§42b Abs. 3 Satz 1 SGB VIII). Dementsprechend informiert die Landesstelle sowohl das von ihr bestimmte Zuweisungsjugendamt als auch die abgebende Landesstelle hierüber. Die abgebende Landesstelle informiert ihrerseits das abgebende Transitjugendamt, damit zwischen diesem und dem aufnehmenden Jugendamt der Austausch der personenbezogenen Daten erfolgen und das weitere Verfahren zur Übergabe des Kindes/des Jugendlichen eingeleitet werden kann.

Wenn eine Verteilung stattfindet, muss das abgegebene Jugendamt den Minderjährigen bei der Verteilung durch eine geeignete Person begleiten (§42a Abs. 5 SGB VIII).

Wird die Verteilung nicht innerhalb eines Monats durchgeführt, so ist sie ausgeschlossen (§42b Abs. 4 Nr. 4 SGB VIII). Zu beachten ist hier die Übergangsregelung in §42d Abs. 3 SGB VIII, wonach die Ausschlussfrist auf zwei Monate verlängert werden kann.

§42e SGB VIII sieht die Pflicht der Bundesregierung vor, dem Deutschen Bundestag jährlich einen Bericht über die Situation unbegleiteter ausländischer Minderjähriger in Deutschland vorzulegen.

Erlaubnis zur Kindertagespflege, Familienpflege

Im Rahmen des Schutzes von Kindern und Jugendlichen in Familienpflege und in Einrichtungen geht es zunächst (§ 43 SGB VIII) um die Erlaubnis zur Kindertagespflege. Die Erlaubnis wird lediglich erteilt, wenn die betreffende Person für die Kindertagespflege geeignet ist. Unter anderem sollen diese Personen über vertiefte Kenntnisse hinsichtlich der Anforderungen der Kindertagespflege verfügen, die sie in qualifizierten Lehrgängen erworben haben.

§ 43 SGB VIII behandelt die Erlaubnis zur Kindertagespflege. Wer danach ein Kind oder mehrere Kinder außerhalb des Haushalts des Erziehungsberechtigten während eines Teils des Tages und mehr als 15 Stunden wöchentlich gegen Entgelt länger als drei Monate betreuen will, bedarf der Erlaubnis. § 44 SGB VIII regelt die Erlaubnis zur Vollzeitpflege. Von dieser Erlaubnispflicht gibt es aber einige Ausnahmen. Eine solche Ausnahme gilt beispielsweise für Verwandte oder Verschwägerte bis zum dritten Grad.

Einer Erlaubnis bedarf auch der Träger einer Einrichtung, in der Kinder oder Jugendliche ganztägig oder für einen Teil des Tages betreut werden oder Unterkunft erhalten. Auch hier gibt es Ausnahmen, die beispielsweise Jugendfreizeiteinrichtungen, Jugendbildungseinrichtungen, Jugendherbergen oder Schullandheime betreffen.

Grundsätzlich gilt, dass die Erlaubnis mit Nebenbestimmungen versehen werden darf.

Die zuständige Behörde soll nach den Erfordernissen des Einzelfalls an Ort und Stelle überprüfen, ob die Voraussetzungen für die Erteilung der Erlaubnis weiterbestehen (§ 46 SGB VIII). Der Träger einer erlaubnispflichtigen Einrichtung hat bestimmte Meldepflichten zu beachten, die in § 47 SGB VIII vorgeschrieben sind.

Die weitere Beschäftigung eines Leiters einer solchen Einrichtung oder einer anderen Person kann nach näherer Vorschrift des § 48 SGB VIII untersagt werden.

Das Nähere über die Aufgaben in Zusammenhang mit dem Schutz von Kindern und Jugendlichen in Familienpflege und in Einrichtungen wird durch Landesrecht geregelt (§ 49 SGB VIII).

Maßgebend hierzu sind die §§ 50 bis 52 SGB VIII.

Jugendhilfe im Strafverfahren – Jugendstrafrecht

Die „Jugendhilfe im Strafverfahren" wirkt gemäß den §§ 1, 2 Abs. 3 Nr. 8, 52 SGB VIII (als „andere Aufgabe der Kinder- und Jugendhilfe") i. V. m. §§ 2 Abs. 1, 38 und 50 Abs. 3 Satz 2 JGG als Teil der Jugendhilfe in Verfahren nach dem Jugendgerichtsgesetz (JGG) mit. Die Mitwirkung der Jugendhilfe im Strafverfahren ist danach eine Pflichtaufgabe der Jugendämter im Zusammenwirken mit den anerkannten Trägern der freien Jugendhilfe (§ 38 Abs. 1 JGG i. V. m. §§ 3 Abs. 3 Satz 2, 76 SGB VIII) unter Beibehaltung der Gesamtverantwortung beim öffentlichen Träger.

Das Jugendstrafrecht als Täter- bzw. Erziehungsstrafrecht ist ein Sonderstrafrecht für junge Täter, welches als lex specialis nach § 2 Abs. 2 JGG (mit besonderen Strafmaßnahmen, Strafverfahren und Strafvollzug) den allgemeinen Strafverfahrensvorschriften vorgeht bzw. diese ergänzt.

Es ist nicht Ziel des Jugendstrafrechts, junge Straftäter, d. h. Jugendliche bzw. Heranwachsende, die (nach § 1 Abs. 2 JGG) zum Zeitpunkt der Tat 14, aber noch nicht 18 bzw. 18, aber noch nicht 21 Jahre alt sind (und bei den Heranwachsenden die Voraussetzungen des § 105 Abs. 1 JGG vorliegen) und sich im kritischen Übergangsstadium von der Kindheit zum Erwachsensein befinden, lediglich für ihre Verfehlung (mit der Folge der Kriminalisierung und Stigmatisierung) zu bestrafen. Ziel des Jugendstrafrechts ist es vielmehr, durch gezielte individuelle Maßnahmen und Hilfen erzieherische Defizite – die durch die Tat sichtbar geworden sind – zu reduzieren bzw. zu beseitigen, so dass die jungen Menschen von der Begehung zukünftiger Straftaten abgehalten werden (vgl. § 2 Abs. 1 JGG).

Die staatliche Reaktion auf eine Jugendverfehlung und die Intensität der Folgen richten sich dem Erziehungsprimat entsprechend nach § 5 JGG. Danach sind zunächst Erziehungsmaßregeln (§ 9 ff. JGG), wenn diese nicht ausreichen, Zuchtmittel (§ 13 ff. JGG) und letztendlich Jugendstrafe (§§ 17, 18 JGG) anzuordnen (Subsidiarität).

Die Vertreter der Jugendgerichtshilfe bringen in allen Verfahrensstadien die erzieherischen, sozialen und fürsorgerischen Gesichtspunkte im Verfahren vor den Jugendgerichten zur Geltung. Zu diesem Zweck unterstützen sie die beteiligten Behörden durch Erforschung der Persönlichkeit, der Entwicklung und der Umwelt des Beschuldigten und äußern sich in der Verhandlung oder in ihren schriftlichen Berichten zu den Maßnahmen, die zu ergreifen sind (§ 38 Abs. 2 Satz 1 und 2 JGG).

Über diese jugendstrafverfahrensrechtliche Aufgabenstellung hinaus hat die Jugendhilfe – sofern sie als Fachbehörde erzieherische Defizite erkennt oder z. B. eine Kindeswohlgefährdung vorliegt – aus dem SGB VIII heraus eigenständig tätig zu werden. Sie ist dahingehend, was die eigenständige jugendhilfliche Aufgabenwahrnehmung anbelangt, gegenüber der Justiz nicht weisungsgebunden und auch nicht gegen ihre fachliche Positionierung zur Vornahme von jugendhilflichen Maßnahmen verpflichtet (vgl. § 36a SGB VIII, die Steuerungsverantwortung des Jugendamtes) bzw. lediglich als Kostenträger zu fungieren. Die Jugendgerichtshilfe ist im gesamten Verfahren gegen einen Jugendlichen so früh wie möglich heranzuziehen (§ 38 Abs. 3 Satz 1 JGG). Das Jugendamt hat nach § 52 Abs. 2 SGB VIII frühzeitig zu prüfen, ob für den Jugendlichen/Heranwachsenden Leistungen der Jugendhilfe in Betracht kommen. Ist dies der Fall oder ist eine geeignete Leistung bereits eingeleitet oder gewährt worden, so sind Jugendstaatsanwaltschaft und Jugendgericht umgehend davon zu unterrichten, damit geprüft werden kann, ob eventuell von einer Strafverfolgung abgesehen oder ob das Verfahren im sog. informellen Verfahren/Diversionsverfahren eingestellt werden kann (§§ 45, 47 JGG). Darüber hinaus soll die Jugendgerichtshilfe den jungen Menschen nach § 52 Abs. 3 SGB VIII während des gesamten Verfahrens begleiten, beraten und betreuen, also im staatsanwaltschaftlichen Ermittlungsverfahren, ab Anklageerhebung, in der Hauptverhandlung, im Diversionsverfahren und bei der Kontrolle von Weisungen und Auflagen, durch Betreuung und Aufsicht, evtl. während einer Bewährungszeit oder während des Vollzugs einer Jugendstrafe sowie im Kontext einer Haftentlassungsvorbereitung und (Re-)Integration (vgl. § 38 Abs. 2 Satz 9 JGG).

Die Jugendgerichtshilfe ist auch nach § 72a JGG unverzüglich vom Erlass bzw. von der Vollstreckung eines Haftbefehls zu unterrichten, um gegebenenfalls andere Maßnahmen nach § 72 JGG einleiten zu können.

Feststellung der Vaterschaft

In § 52a SGB VIII geht es um die Beratung und Unterstützung bei Vaterschaftsfeststellung und Geltendmachung von Unterhaltsansprüchen. Nach § 52a Abs. 1 SGB VIII hat das Jugendamt unverzüglich (also ohne schuldhaftes Zögern) nach der Geburt eines Kindes, dessen Eltern nicht miteinander verheiratet sind, bestimmte Pflichten.

Der Mutter des nichtehelichen Kindes ist Beratung und Unterstützung anzubieten, insbesondere bei

- der Vaterschaftsfeststellung und
- der Geltendmachung von Unterhaltsansprüchen des Kindes.

Das Angebot kann im Übrigen bereits vor der Geburt des Kindes erfolgen, wenn anzunehmen ist, dass seine Eltern bei der Geburt nicht miteinander verheiratet sein werden.

Die Möglichkeiten der Vaterschaftsfeststellung sind im Bürgerlichen Gesetzbuch (BGB) geregelt.

Nach § 1592 BGB ist Vater eines Kindes der Mann,

- der zum Zeitpunkt der Geburt mit der Mutter des Kindes verheiratet ist,
- der die Vaterschaft anerkannt hat oder
- dessen Vaterschaft gerichtlich festgestellt ist.

Die Anerkennung der Vaterschaft wird in den §§ 1594 bis 1598 BGB geregelt. Zunächst wird hier (§ 1594 Abs. 1 BGB) bestimmt, dass die Rechtswirkungen der Anerkennung erst von dem Zeitpunkt an geltend gemacht werden können, zu dem die Anerkennung wirksam wird. Eine Anerkennung ist insbesondere solange nicht wirksam, als die Vaterschaft eines anderen Mannes besteht (§ 1594 Abs. 2 BGB).

Wichtig: Nach § 1594 Abs. 3 BGB ist eine Anerkennung unter einer Bedingung oder Zeitbestimmung (Befristung) unwirksam.

Im Übrigen ist die Anerkennung bereits vor der Geburt des Kindes zulässig (§ 1594 Abs. 4 BGB).

§ 1595 BGB bestimmt, dass die Anerkennung der Zustimmung der Mutter bedarf. Sie bedarf auch der Zustimmung des Kindes, wenn der Mutter insoweit die elterliche Sorge nicht zusteht.

Ist jemand in der Geschäftsfähigkeit beschränkt, muss der gesetzliche Vertreter der Anerkennung zustimmen (§ 1596 Abs. 1 BGB). Im Übrigen kann der gesetzliche Vertreter für einen Geschäftsunfähigen anerkennen.

Hier ist eine gerichtliche Genehmigung erforderlich. Für die Zustimmung der Mutter gelten die vorstehenden Ausführungen entsprechend. Durch einen Bevollmächtigten können weder Anerkennung noch Zustimmung erklärt werden.

Wichtig: Die Anerkennung der Vaterschaft und die Zustimmung der Mutter hierzu müssen öffentlich beurkundet werden (§ 1597 Abs. 1 BGB).

Der Mann kann die Anerkennung widerrufen, wenn sie ein Jahr nach der Beurkundung noch nicht wirksam geworden ist.

Im Übrigen sind Anerkennung, Zustimmung und Widerruf nur unwirksam, wenn sie den Erfordernissen der vorstehend zitierten Vorschriften nicht genügen (§ 1598 Abs. 1 BGB).

Die gerichtliche Feststellung der Vaterschaft ist in §§ 1600d und 1600e BGB geregelt. Immer dann, wenn eine Vaterschaft nach dem oben Gesagten nicht besteht, ist sie gerichtlich festzustellen. Im Verfahren auf gerichtliche Feststellung der Vaterschaft wird als Vater vermutet, wer der Mutter während der Empfängniszeit beigewohnt hat. Die Vermutung gilt jedoch nicht, wenn schwerwiegende Zweifel an der Vaterschaft bestehen.

Was als Empfängniszeit anzusehen ist, regelt § 1600d Abs. 3 BGB. Danach gilt als Empfängniszeit die Zeit von dem 300. bis zu dem 181. Tage vor der Geburt des Kindes. Dabei werden sowohl der 300. als auch der 181. Tag mitgezählt.

Steht fest, dass das Kind außerhalb des vorstehenden Zeitraumes empfangen worden ist, so gilt dieser abweichende Zeitraum als Empfängniszeit.

Wichtig: Die Rechtswirkungen der Vaterschaft (insbesondere Unterhaltsanspruch) können erst vom Zeitpunkt ihrer Feststellung an geltend gemacht werden.

Sorgeregister

Für Kinder nicht miteinander verheirateter Eltern ist ein Sorgeregister eingeführt worden (§ 58a SGB VIII). Daraus ergibt sich u. a., wem die elterliche Sorge für ein Kind übertragen ist. Liegen keine Eintragungen im Sorgeregister vor, erhält die mit dem Vater des Kindes nicht verheiratete Mutter auf Antrag hierüber eine Bescheinigung (vgl. dazu auch § 87c Abs. 6 SGB VIII).

Beistandschaft – Amtspflegschaft – Amtsvormundschaft

§ 54 SGB VIII bestimmt über die Möglichkeit, dass ein rechtsfähiger Verein Pflegschaften oder Vormundschaften übernehmen kann. Voraussetzung ist aber, dass ihm das Landesjugendamt dazu eine Erlaubnis erteilt hat. Eine Beistandschaft kann er übernehmen, soweit dies durch Landesrecht vorgesehen ist.

Nach § 55 SGB VIII wird das Jugendamt Beistand, Pfleger oder Vormund in den durch das BGB vorgesehenen Fällen. Gesprochen wird hier von:

2

- Beistandschaft
- Amtspflegschaft
- Amtsvormundschaft

Beistandschaft

Die Beistandschaft wird in den §§ 1712 bis 1717 BGB geregelt.

Nach § 1712 Abs. 1 BGB wird das Jugendamt auf schriftlichen Antrag eines Elternteils Beistand des Kindes für bestimmte Aufgaben.

Dabei geht es zum einen um die Feststellung der Vaterschaft (beachten Sie dazu bitte die obigen Ausführungen ab Seite 36) und zum anderen um die Geltendmachung von Unterhaltsansprüchen.

Ist das Kind bei einem Dritten entgeltlich in Pflege, so ist der Beistand berechtigt, aus dem vom Unterhaltspflichtigen Geleisteten den Dritten zu befriedigen.

Praxis-Tipp:

Der Antrag kann auf einzelne der vorstehend bezeichneten Aufgaben beschränkt werden.

Den Antrag beim Jugendamt kann nach § 1713 Abs. 1 BGB ein Elternteil stellen, dem für den Aufgabenkreis der beantragten Beistandschaft die alleinige elterliche Sorge zusteht oder zustünde, wenn das Kind bereits geboren wäre.

Steht die elterliche Sorge für das Kind den Eltern gemeinsam zu, kann der Antrag von dem Elternteil gestellt werden, in dessen Obhut sich das Kind befindet.

Der Antrag kann auch von einem nach § 1776 BGB berufenen Vormund gestellt werden (beachten Sie dazu bitte die Ausführungen zum Thema „Amtsvormundschaft“ ab Seite 39).

Wichtig: Der Antrag kann nicht von einem Vertreter gestellt werden.

Vor der Geburt des Kindes kann die werdende Mutter den Antrag auch dann stellen, wenn das Kind, sofern es bereits geboren wäre, unter Vormundschaft stünde. Auch dann, wenn die werdende Mutter in der Geschäftsfähigkeit beschränkt ist, bedarf sie zur Antragstellung nicht der Zustimmung ihres gesetzlichen Vertreters. Ist die werdende Mutter allerdings vollständig geschäftsunfähig, kann nur ihr gesetzlicher Vertreter den Antrag stellen.

Sobald der Antrag dem Jugendamt zugeht, tritt die Beistandschaft ein (§ 1714 BGB). Das gilt auch dann, wenn der Antrag vor der Geburt des Kindes gestellt wird.

Nach § 1715 BGB endet die Beistandschaft, wenn der Antragsteller dies schriftlich verlangt. Die Beistandschaft endet auch, sobald der Antragsteller keine der Voraussetzungen für die Antragsberechtigung mehr erfüllt.

Die Wirkungen der Beistandschaft regelt § 1716 BGB. Zunächst wird hier darauf hingewiesen, dass durch die Beistandschaft die elterliche Sorge nicht eingeschränkt wird. Im Übrigen gelten im Wesentlichen die Vorschriften über die Pflegschaft (beachten Sie dazu die nachfolgenden Ausführungen).

Die Beistandschaft tritt lediglich dann ein, wenn das Kind seinen gewöhnlichen Aufenthalt im Inland hat (§ 1717 BGB). Sie endet, wenn das Kind seinen gewöhnlichen Aufenthalt im Ausland begründet. Das gilt für die Beistandschaft vor der Geburt des Kindes entsprechend.

Amtspflegschaft

Die Pflegschaft wird in den §§ 1909 bis 1921 BGB geregelt. Danach (§ 1909 Abs. 1 BGB) erhält derjenige, der unter elterlicher Sorge oder unter Vormundschaft (beachten Sie dazu die nachfolgenden Ausführungen) steht, für bestimmte Angelegenheiten einen Pfleger. Es handelt sich dabei um Angelegenheiten, an deren Besorgung die Eltern oder der Vormund verhindert sind.

Insbesondere erhält der Betreffende einen Pfleger zur Verwaltung des Vermögens, das er durch Erbschaft erwirbt oder das ihm unentgeltlich zugewendet wird (Schenkung). Voraussetzung ist, dass der Erblasser oder derjenige, der die Zuwendung veranlasst hat, bestimmt, dass die Eltern oder der Vormund das Vermögen nicht verwalten sollen.

Wird eine Pflegschaft erforderlich, haben die Eltern oder der Vormund dies dem Familiengericht unverzüglich anzuzeigen.

Die Pflegschaft ist auch dann anzuordnen, wenn die Voraussetzungen für die Anordnung einer Vormundschaft vorliegen, ein Vormund aber noch nicht bestellt ist.

Eine Leibesfrucht erhält zur Wahrung ihrer künftigen Rechte, soweit diese einer Fürsorge bedürfen, einen Pfleger (§ 1912 Abs. 1 BGB).

Die Pflegschaft für eine unter elterlicher Sorge oder unter Vormundschaft stehende Person endet mit der Beendigung der elterlichen Sorge oder der Vormundschaft (§ 1918 Abs. 1 BGB). Dagegen endet die Pflegschaft für eine Leibesfrucht mit der Geburt des Kindes (§ 1918 Abs. 2 BGB).

Wie sich aus § 56 SGB VIII eindeutig ergibt, gelten die vorstehenden Grundsätze auch bei einer Amtspflegschaft durch das Jugendamt.

Amtsvormundschaft

Die Vormundschaft wird in den §§ 1773 bis 1895 BGB geregelt. Als Voraussetzung für die Begründung der Vormundschaft wird in § 1773 Abs. 1 BGB gefordert, dass der Minderjährige

- nicht unter elterlicher Sorge steht (z. B. bei Tod beider Elternteile) oder
- die Eltern weder in den die Person noch in den das Vermögen betreffenden Angelegenheiten zur Vertretung des Minderjährigen berechtigt sind.

Im Übrigen erhält ein Minderjähriger einen Vormund, wenn sein Familienstand nicht zu ermitteln ist.

Wichtig: § 1774 BGB bestimmt, dass ein Vormund von Amts wegen einzusetzen ist.

Das Familiengericht hat die Vormundschaft von Amts wegen anzuordnen. Ist anzunehmen, dass ein Kind mit seiner Geburt eines Vormundes bedarf, so kann schon vor der Geburt des Kindes ein Vormund bestellt werden. Die Bestellung wird mit der Geburt des Kindes wirksam.

Ein Ehepaar kann gemeinschaftlich durch das Familiengericht zu Vormündern bestellt werden. Im Übrigen soll dieses Gericht, sofern nicht besondere Gründe für die Bestellung mehrerer Vormünder vorliegen, für den Mündel und, wenn Geschwister zu bevormunden sind, für alle Mündel nur einen Vormund bestellen (§ 1775 BGB).

§ 1776 BGB sieht ein Benennungsrecht der Eltern vor. Danach ist nämlich derjenige als Vormund zu berufen, der von den Eltern des Mündels als Vormund benannt ist. Haben der Vater und die Mutter verschiedene Personen benannt, gilt die Benennung durch den zuletzt verstorbenen Elternteil.

Allerdings können die Eltern einen Vormund nur benennen, wenn ihnen zur Zeit ihres Todes die Sorge für die Person und das Vermögen des Kindes zusteht (§ 1777 Abs. 1 BGB). Nach Absatz 2 kann der Vater für ein Kind, das erst nach seinem Tode geboren wird, einen Vormund benennen, wenn er dazu berechtigt sein würde, falls das Kind vor seinem Tode geboren wäre.

Wichtig: Der Vormund wird durch letztwillige Verfügung, z. B. Testament, benannt (§ 1777 Abs. 3 BGB).

Grundsätzlich ist der benannte Vormund auch vom Familiengericht zu bestellen. Hier gibt es aber einige Ausnahmen, die § 1778 BGB regelt. Ohne seine Zustimmung darf nämlich nur übergangen werden, wer

- nach den §§ 1780 bis 1784 BGB nicht zum Vormund bestellt werden kann oder soll (beachten Sie dazu die noch folgenden Ausführungen),
- an der Übernahme der Vormundschaft verhindert ist,
- die Übernahme verzögert,
- durch seine Bestellung das Wohl des Mündels gefährden würde.

Das gilt auch dann, wenn das Mündel, das das 14. Lebensjahr vollendet hat, der Bestellung widerspricht. Ist das Mündel selbst geschäftsunfähig, ist ein solcher Widerspruch unzulässig (beachten Sie zur Geschäftsunfähigkeit die vorstehenden Ausführungen).

Ist der Berufene nur vorübergehend verhindert, so hat ihn das Familiengericht nach dem Wegfall des Hindernisses auf seinen Antrag anstelle des bisherigen Vormunds zum Vormund zu bestellen.

Für einen minderjährigen Ehegatten darf der andere Ehegatte zum Vormund bestellt werden.

Im Übrigen darf neben dem Berufenen nur mit dessen Zustimmung ein Mitvormund bestellt werden.

Ist die Vormundschaft nicht einem von den Eltern Benannten zu übertragen, hat das Familiengericht den Vormund auszuwählen. Vorher hat es allerdings das Jugendamt anzuhören (§ 1779 Abs. 1 BGB).

Nach § 1779 Abs. 2 BGB soll dieses Gericht eine Person auswählen, die nach ihren persönlichen Verhältnissen und ihrer Vermögenslage sowie nach den sonstigen Umständen zur Führung der Vormundschaft geeignet ist. Bei der Auswahl unter mehreren geeigneten Personen sind zu berücksichtigen:

- der mutmaßliche Wille der Eltern
- die persönlichen Bindungen des Mündels
- die Verwandtschaft oder Schwägerschaft mit dem Mündel
- das religiöse Bekenntnis des Mündels

Bei der Auswahl des Vormunds soll das Familiengericht Verwandte oder Verschwägerte des Mündels hören, wenn dies ohne erhebliche Verzögerung und ohne unverhältnismäßige Kosten geschehen kann.

Die Verwandten und Verschwägerten können von dem Mündel Ersatz ihrer Auslagen verlangen. Die Höhe der Auslagen wird vom Familiengericht festgesetzt.

Wie zuvor bereits erwähnt, regeln die §§ 1780 bis 1784 BGB die Tatbestände, bei deren Vorliegen jemand nicht zum Vormund bestellt werden kann oder soll. Nach ausdrücklicher Vorschrift in § 1780 BGB kann derjenige nicht zum Vormund bestellt werden, der geschäftsunfähig ist.

Nach § 104 BGB ist geschäftsunfähig,

- wer das siebente Lebensjahr nicht vollendet hat oder
- sich in einem die freie Willensbestimmung ausschließenden Zustand krankhafter Störung der Geistestätigkeit befindet, sofern nicht der Zustand seiner Natur nach nur ein vorübergehender ist.

Nach § 1781 BGB soll nicht zum Vormund bestellt werden,

- wer minderjährig ist (also das 18. Lebensjahr nicht vollendet hat),
- derjenige, für den ein Betreuer bestellt ist.

Zum Vormund soll ferner nicht bestellt werden, wer durch Anordnung der Eltern des Mündels von der Vormundschaft ausgeschlossen ist (§ 1782 BGB). Haben die Eltern einander widersprechende Anordnungen getroffen, gilt die Anordnung des zuletzt verstorbenen Elternteils.

Ein Beamter oder Religionsdiener, der nach den Landesgesetzen einer besonderen Erlaubnis zur Übernahme einer Vormundschaft bedarf, soll nicht ohne die vorgeschriebene Erlaubnis zum Vormund bestellt werden (§ 1784 BGB). Diese Erlaubnis darf lediglich dann versagt werden, wenn ein wichtiger dienstlicher Grund vorliegt.

§ 1785 BGB sieht eine Übernahmepflicht vor. Danach hat jeder Deutsche die Vormundschaft, für die er von dem Familiengericht ausgewählt wird, zu übernehmen, sofern seiner Bestellung nicht einer der oben genannten Gründe entgegensteht.

Vor der Bestellung muss das Jugendamt das Kind oder den Jugendlichen zur Auswahl des Beamten oder Angestellten mündlich anhören. Die Anhörung erfolgt, soweit dies nach Alter und Entwicklungsstand des Kindes oder Jugendlichen möglich ist. Eine ausnahmsweise vor der Übertragung unterbliebene Anhörung ist unverzüglich nachzuholen.

Ein vollzeitbeschäftigter Beamter oder Angestellter, der nur mit der Führung von Vormundschaften oder Pflegschaften betraut ist, soll höchstens 50 Vormundschaften oder Pflegschaften führen. Bei gleichzeitiger Wahrnehmung anderer Aufgaben soll er entsprechend weniger Vormundschaften oder Pflegschaften führen.

Der Beamte oder Angestellte ist in dem durch die Übertragung der Vormundschaft oder Pflegschaft vorgesehenen Rahmen gesetzlicher Verteter des Kindes oder Jugendlichen (§ 55 Abs. 3 SGB VIII).

§ 1786 BGB sieht Gründe vor, bei deren Vorliegen die Vormundschaft von dem Berufenen abgelehnt werden kann. Danach kann die Übernahme der Vormundschaft ablehnen:

- ein Elternteil, welcher zwei oder mehr noch nicht schulpflichtige Kinder überwiegend betreut oder glaubhaft macht, dass die ihm obliegende Fürsorge für die Familie die Ausübung des Amts dauernd besonders erschwert
- wer das 60. Lebensjahr vollendet hat
- wem die Sorge für die Person oder das Vermögen von mehr als drei minderjährigen Kindern zusteht

- wer durch Krankheit oder durch Gebrechen verhindert ist, die Vormundschaft ordnungsmäßig zu führen
- wer wegen Entfernung seines Wohnsitzes von dem Sitz des Familiengerichts die Vormundschaft nicht ohne besondere Belästigung führen kann
- wer mit einem anderen zur gemeinschaftlichen Führung der Vormundschaft bestellt werden soll
- wer mehr als eine Vormundschaft, Betreuung oder Pflegschaft führt; die Vormundschaft oder Pflegschaft (beachten Sie dazu die vorherigen Ausführungen) über mehrere Geschwister gilt nur als eine; die Führung von Gegenvormundschaften (beachten Sie dazu die nachfolgenden Ausführungen) steht der Führung einer Vormundschaft gleich.

Wichtig: Das Ablehnungsrecht erlischt, wenn es nicht vor Bestellung bei dem Familiengericht geltend gemacht wird.

Lehnt jemand eine Vormundschaft ohne Grund ab, ist er, wenn ihm ein Verschulden (Vorsatz oder Fahrlässigkeit) anzulasten ist, für den entstandenen Schaden verantwortlich. Es handelt sich hier um den Schaden, der dadurch entsteht, dass sich die Bestellung des Vormunds verzögert (§ 1787 BGB).

Erklärt das Familiengericht die Ablehnung für unbegründet, so hat der Ablehnende, unbeschadet der ihm zustehenden Rechtsmittel, die Vormundschaft auf Aufforderung des genannten Gerichts vorläufig zu übernehmen.

Das Familiengericht kann den zum Vormund Ausgewählten durch Festsetzung von Zwangsgeld zur Übernahme der Vormundschaft anhalten (§ 1788 BGB). Es können mehrere Zwangsgelder verhängt werden. Das geht aber nur in Zwischenräumen von mindestens einer Woche. Mehr als drei Zwangsgelder dürfen nicht festgesetzt werden.

Nach § 1789 BGB wird der Vormund vom Familiengericht durch Verpflichtung zu treuer und gewissenhafter Führung der Vormundschaft bestellt. Die Verpflichtung soll mittels Handschlag an Eides statt erfolgen.

Eine Bestellung unter Vorbehalt wird in § 1790 BGB geregelt. Danach kann die Entlassung für den Fall vorbehalten werden, dass ein bestimmtes Ereignis eintritt oder nicht eintritt.

§ 1791 BGB schreibt ausdrücklich vor, dass der Vormund eine Bestellung erhält.

Nach § 1791a BGB kann im Übrigen ein rechtsfähiger Verein zum Vormund bestellt werden. Voraussetzung ist allerdings, dass er vom Landesjugendamt dazu für geeignet erklärt worden ist.

Ein Verein darf nur dann zum Vormund bestellt werden, wenn eine als ehrenamtlicher Einzelvormund geeignete Person nicht vorhanden ist oder die Eltern dies wünschen. Die Bestellung erfolgt durch Beschluss des Familiengerichts.

Bei der Führung der Vormundschaft bedient sich der Verein einzelner seiner Mitglieder oder Mitarbeiter.

§ 1791b BGB beschäftigt sich direkt mit der Amtsvormundschaft des Jugendamtes. Das Jugendamt kann danach zum Vormund bestellt werden, wenn eine als ehrenamtlicher Einzelvormund geeignete Person nicht vorhanden ist.

Wichtig: Die Eltern des Mündels können das Jugendamt weder benennen noch ausschließen.

Die Bestellung des Jugendamtes zum Vormund erfolgt durch Beschluss des Familiengerichts (§ 1791b BGB).

§ 1791c BGB sieht eine gesetzliche Amtsvormundschaft des Jugendamtes vor. Danach wird das Jugendamt mit der Geburt eines Kindes, dessen Eltern nicht miteinander verheiratet sind und das eines Vormunds bedarf, Vormund. Voraussetzung ist, dass das Kind seinen gewöhnlichen Aufenthalt im Inland hat.

Vorstehendes gilt allerdings nicht, wenn bereits vor der Geburt des Kindes ein Vormund bestellt worden ist. Ist die Vaterschaft durch Anfechtung beseitigt worden (beachten Sie dazu die Ausführungen zum Thema „Kostenbeteiligung“) und bedarf das Kind eines Vormunds, so wird das Jugendamt in dem Zeitpunkt Vormund, in dem die Entscheidung rechtskräftig wird.

§ 1792 BGB beschäftigt sich mit dem bereits erwähnten Gegenvormund. Neben dem Vormund kann nämlich ein Gegenvormund bestellt werden. Das ist dann nicht möglich, wenn das Jugendamt Vormund ist. Allerdings kann das Jugendamt Gegenvormund sein.

Ein Gegenvormund soll bestellt werden, wenn mit der Vormundschaft eine Vermögensverwaltung verbunden ist, solange diese erheblich ist. Ein Gegenvormund soll auch dann bestellt werden, wenn die Vormundschaft von mehreren Vormündern gemeinschaftlich zu führen ist. Mit der Führung der Vormundschaft beschäftigen sich die §§ 1793 bis 1836e BGB.

Besonders bedeutsam ist die Regelung des § 1793 Abs. 1 BGB, wonach der Vormund das Recht und die Pflicht hat, für die Person und das Vermögen des Mündels zu sorgen, insbesondere das Mündel zu vertreten.

Gemäß § 1793 Abs. 1a BGB soll der Vormund zudem mit dem Mündel persönlichen Kontakt halten, und ihn in der Regel einmal im Monat in dessen üblicher Umgebung aufsuchen. Im Einzelfall können kürzere oder längere Besuchsabstände oder ein anderer Ort geboten sein.

Der Vormund kann das Mündel beispielsweise bei einem Rechtsgeschäft nicht vertreten, das zwischen seinem Ehegatten, seinem Lebenspartner oder einem seiner Verwandten in gerader Linie einerseits und dem Mündel andererseits abzuschließen ist. Das gilt lediglich dann nicht, wenn das Rechtsgeschäft ausschließlich in der Erfüllung einer Verbindlichkeit besteht (§ 1795 BGB).

Nach § 1796 BGB kann das Familiengericht dem Vormund die Vertretung für einzelne Angelegenheiten oder für einen bestimmten Kreis von Angelegenheiten entziehen.

Mehrere Vormünder führen die Vormundschaft gemeinschaftlich (§ 1797 BGB). Bei einer Meinungsverschiedenheit entscheidet das Familiengericht, sofern nicht bei der Bestellung etwas anderes bestimmt wird.

Der Gegenvormund hat nach § 1799 BGB darauf zu achten, dass der Vormund die Vormundschaft pflichtmäßig führt.

Der Vormund hat die Pflege und Erziehung des Mündels persönlich zu fördern und zu gewährleisten (§ 1800 BGB).

Träger der öffentlichen Jugendhilfe

Die §§ 69 bis 72a SGB VIII beschäftigen sich mit den Trägern der öffentlichen Jugendhilfe (beachten Sie dazu das Schaubild auf Seite 46).

Zunächst wird in § 69 SGB VIII bestimmt, dass die Träger der öffentlichen Jugendhilfe durch Landesrecht bestimmt werden.

Landesrecht kann im Übrigen regeln, dass kreisangehörige Gemeinden auf Antrag zu örtlichen Trägern bestimmt werden. Voraussetzung ist allerdings, dass ihre Leistungsfähigkeit zur Erfüllung der Aufgaben nach dem SGB VIII in den anderen Gemeinden des Kreises sichergestellt wird, falls der Kreis dazu nicht in der Lage ist. Wird durch kreisangehörige Gemeinden als örtliche Träger das gesamte Gebiet eines Kreises abgedeckt, so ist dieser Kreis nicht örtlicher Träger.

Wichtig: Für die Wahrnehmung der Aufgaben nach dem SGB VIII errichtet

- der örtliche Träger ein Jugendamt,
- jeder überörtliche Träger ein Landesjugendamt.

Mit der Organisation von Jugendamt und Landesjugendamt beschäftigt sich § 70 SGB VIII. Danach werden die Aufgaben des Jugendamtes durch den Jugendhilfeausschuss und durch die Verwaltung des Jugendamtes wahrgenommen. Entsprechend gilt dies auch für das Landesjugendamt.

In § 71 SGB VIII werden der Jugendhilfeausschuss und der Landesjugendhilfeausschuss behandelt.

2

Zusammenarbeit der Träger der öffentlichen Jugendhilfe mit anderen Stellen

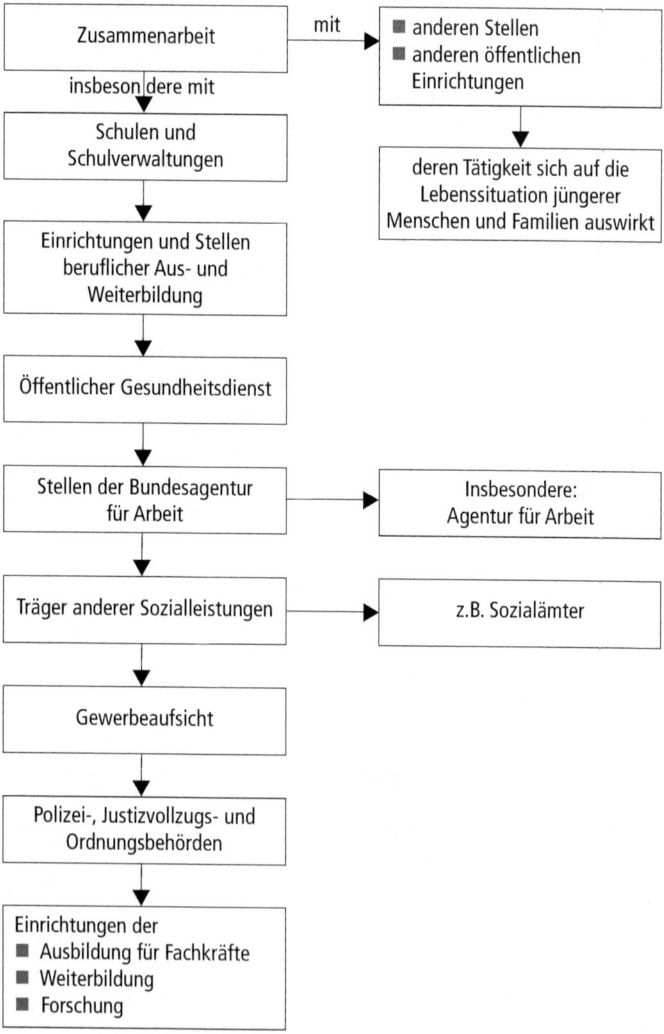

Der Jugendhilfeausschuss befasst sich mit allen Angelegenheiten der Jugendhilfe, insbesondere mit:

- der Erörterung aktueller Problemlagen junger Menschen und ihrer Familien
- Anregungen und Vorschlägen für die Weiterentwicklung der Jugendhilfe
- der Jugendhilfeplanung
- Förderung der freien Jugendhilfe

Der Jugendhilfeausschuss hat Beschlussrecht in Angelegenheiten der Jugendhilfe im Rahmen der von der Vertretungskörperschaft bereitgestellten Mittel, der von ihr erlassenen Satzung und der von ihr gefassten Beschlüsse.

Er soll beispielsweise vor der Berufung eines Leiters des Jugendamts gehört werden und hat das Recht, an die Vertretungskörperschaft Anträge zu stellen.

Er tritt nach Bedarf zusammen und ist auf Antrag von mindestens einem Fünftel der stimmberechtigten Mitglieder einzuberufen.

Die Sitzungen des Jugendhilfeausschusses sind öffentlich – allerdings nur, soweit nicht das Wohl der Allgemeinheit, berechtigte Interessen einzelner Personen oder schutzbedürftiger Gruppen entgegenstehen.

Mit den Mitarbeitern von Jugendämtern und Landesjugendämtern beschäftigt sich § 72 SGB VIII. Hier wird unter anderem bestimmt, dass leitende Funktionen des Jugendamts oder des Landesjugendamtes in der Regel nur Fachkräften übertragen werden sollen.

Die Träger der öffentlichen Jugendhilfe haben Fortbildung und Praxisberatung der Mitarbeiter des Jugendamtes und des Landesjugendamtes sicherzustellen.

Fachkräftegebot

Die §§ 72, 72a, 79 Abs. 3 SGB VIII beinhalten Anforderungen an die Qualifikation der Mitarbeiter in der Jugendhilfe. Dabei richtet sich das sogenannte Fachkräftegebot zunächst an den öffentlichen Träger der Kinder- und Jugendhilfe (als Normadressat). Über die dem öffentlichen Träger zukommende Gesamtverantwortung (vgl. § 79 Abs. 1 SGB VIII) als auch §§ 72a Satz 3, 78b Abs. 2 Nr. 2 mit Verweis auf § 78a Abs. 1 Nr. 1–7 SGB VIII wirkt das Fachkräftegebot aber auch mittelbar für die Träger der freien Jugendhilfe bzw. sonstiger jugendhilflicher Angebots- und Leistungserbringer.

Nach § 72 Abs. 1 Satz 1 SGB VIII sollen die Träger der öffentlichen Jugendhilfe bei den Jugendämtern und den Landesjugendämtern hauptberuflich nur Personen beschäftigen, die sich (nach der Legaldefinition) für die jeweilige Aufgabe nach ihrer Persönlichkeit eignen und eine dieser Aufgabe entsprechende Ausbildung erhalten haben oder aufgrund besonderer Erfahrungen in der sozialen Arbeit in der Lage sind, die Aufgabe zu erfüllen. Ergänzend verpflichtet § 79 Abs. 3 SGB VIII zum einen die Träger der öffentlichen Jugendhilfe, dass die Jugendämter/Landesjugendämter mit einer ausreichenden, dem Bedarf entsprechenden Zahl von Fachkräften auszustatten sind. Zum anderen haben die öffentlichen Träger nach § 72 Abs. 3 SGB VIII Fortbildung und Praxisberatung der Mitarbeiter des Jugendamtes und der Landesjugendämter sicherzustellen. Die Ausbildung und bedarfsgerechte Fortbildung muss den vielfältigen Anforderungen der beruflichen Praxis gerecht werden.

Auch leitende Funktionen des Jugendamtes oder Landesjugendamtes sollen in der Regel ausschließlich Fachkräften übertragen werden (Fachkräftevorbehalt nach § 72 Abs. 2 SGB VIII). Die Fachkräftegebotsregelungen definieren umfängliche fachliche Standards.

Die persönliche Eignung

Eine begriffliche Definition der persönlichen Eignung erfolgt nach § 72a Satz 1 SGB VIII durch eine „negative Definition", indem aufgezeigt wird, wann eine persönliche Ungeeignetheit vorliegt.

§ 72a SGB VIII zielt darauf, vermeidbare Risiken für betreute Kinder und Jugendliche möglichst gering zu halten. Mit dem Einholen von Führungszeugnissen nach § 30 Abs. 5 und § 30a Abs. 1 Bundeszentralregistergesetz (BZRG) bei der Einstellung und in regelmäßig wiederkehrenden Abständen will man sicherstellen, dass rechtskräftig verurteilte Straftäter nicht im Kinder- und Jugendbereich beschäftigt werden (§ 72a Satz 2 SGB VIII).

Die fachliche Eignung

Zur Übernahme von Aufgaben der Kinder- und Jugendhilfe fachlich geeignet sind alle Mitarbeiter, die eine – der ihnen übertragenen Aufgaben entsprechende – Ausbildung erfolgreich abgeschlossen haben (§ 72 Abs. 1 Satz 1 SGB VIII).

Als Beispiele für Personen, die eine qualifizierende Ausbildung im Sinne des § 72 Abs. 1 SGB VIII besitzen, werden zumindest die in der Regierungsbegründung zu § 72 SGB VIII aufgeführten Sozialarbeiter, Sozialpädagogen, Erzieher, Psychologen, Diplom-Pädagogen, Heilpädagogen, Psychagogen, Jugendpsychiater, Psychotherapeuten und Pädiater verstanden.

Den Fachkräften werden in § 72 Abs. 1 Satz 1 SGB VIII Personen, die zwar keine aufgabenspezifische Fachausbildung haben, jedoch aufgrund besonderer Erfahrung in der sozialen Arbeit in der Lage sind, die übertragenen Aufgaben zu erfüllen, gleichgestellt.

Unterstützung Ehrenamtlicher

In der Jugendhilfe sollen gemäß § 73 SGB VIII ehrenamtlich tätige Personen bei ihrer Tätigkeit angeleitet, beraten und unterstützt werden. Unter Anleitung wird die (schriftliche oder mündliche) Übermittlung von allgemeinen qualifizierenden rechtlichen oder fachlichen Hinweisen (Schulung) hinsichtlich typischer Abläufe oder der betreffenden Zielgruppe verstanden. Beratung erfolgt z. B. durch eine fachliche Begleitung, wie durch Supervision und Fallberatung.

Unter Unterstützung werden alle Maßnahmen verstanden (insbesondere materielle, sächliche Hilfestellungen), die geeignet sind, die Bedingungen der Tätigkeit zu gewährleisten bzw. flankierend mit zu ermöglichen.

Dabei wird unter ehrenamtlicher bürgerschaftlicher Tätigkeit ein freiwilliges, unentgeltliches (das heißt Arbeit ohne Entgelt) Handeln für Dritte verstanden. Als Entgelt zählt dabei nicht die Erstattung von Auslagen (in Form der Einzelabrechnung oder eines pauschalen Aufwendungsersatzes).

Ehrenamtlich tätige Personen unterfallen nicht dem Fachkräftegebot (§§ 72, 72a, 79 Abs. 3 SGB VIII). Sie sollen nicht „anstelle", sondern möglichst nur in Ergänzung zu hauptamtlichen Fachkräften in der Jugendhilfe tätig werden.

Ehrenamtliche Betätigung ist zum Beispiel in besonderer Weise geeignet, unmittelbare Kontakte und Hilfestellungen in Alltagssituationen herzustellen, sei es bei der Begleitung zu Ämtergängen, bei Bewerbungsvorbereitungen oder bei Hilfen zur Erlangung eines strukturierten Tagesablaufs.

Sofern Ehrenamtliche für den öffentlichen Träger tätig werden, hat dieser sicherzustellen, dass die betreffenden Personen auch im Sinne des § 72a persönlich geeignet sind. Sofern Ehrenamtliche – bei Trägern der freien Jugendhilfe oder Dritten – mit jungen Menschen „arbeiten", ist gegebenenfalls seitens des öffentlichen Trägers über vertragliche Regelungen bzw. über den Förderbescheid die Beachtung des § 72a SGB VIII sicherzustellen.

Gesamtverantwortung

Gemäß § 79 Abs. 1 SGB VIII haben die Träger der öffentlichen Jugendhilfe die Gesamtverantwortung im Sinne einer Letztverantwortung gegenüber den Leistungsberechtigten einschließlich der Planungsverantwortung für die Erfüllung aller gesetzlich geregelten Aufgaben der Jugendhilfe (vgl. § 2 SGB VIII). Dementsprechend sind die örtlichen und die überörtlichen Träger gemäß § 85 SGB VIII auch im Detail für grundsätzlich alle Aufgaben der Kinder- und Jugendhilfe nach dem SGB VIII sachlich zuständig. Die Vorgaben des SGB VIII, das heißt insbesondere Leistungsverpflichtungen und gegebenenfalls Rechtsansprüche gemäß § 3 Abs. 2 Satz 2 SGB VIII, richten sich folglich nur an die Träger der öffentlichen (und nicht der freien) Jugendhilfe. Auch werden gemäß § 3 Abs. 3 Satz 1 SGB VIII die anderen Aufgaben grundsätzlich nur von diesen wahrgenommen. Ausnahmeregelungen sind nach § 3 Abs. 3 Satz 2 SGB VIII möglich.

Gesamtverantwortung (als Leitprinzip und Steuerungsinstrument) beschreibt das Verhältnis (bei der Zusammenarbeit) zwischen öffentlicher und freier Jugendhilfe, indem sie eine zunächst grundsätzliche Zuständigkeits- und damit Aufgabenwahrnehmungsverpflichtung dem öffentlichen Träger zuweist. Sie ist darüber hinaus Grundlage und „Richtschnur" für eine partnerschaftliche Zusammenarbeit, für den sinnvollen Einsatz finanzieller und tatsächlicher Ressourcen sowie für die Koordinierung öffentlicher und privater Aktivitäten im jugendhilflichen Aufgabenbereich.

Nach § 79 Abs. 2 Satz 1 SGB VIII kommt den Trägern der öffentlichen Jugendhilfe eine Gewährleistungsverpflichtung zu. Sie sollen (keine absolute Gewährleistungsverpflichtung) zur möglichen Realisierung rechtlich verbürgter Ansprüche der Leistungsberechtigten eine erforderliche und geeignete (soziale) Infrastruktur an Einrichtungen und Diensten vorhalten und bedarfsgerechte Veranstaltungen gewährleisten, welche den verschiedenen inhaltlichen Grundrichtungen der Erziehung rechtzeitig ausdifferenziert und ausreichend zur Verfügung stehen.

Der Träger der öffentlichen Jugendhilfe hat danach zur Umsetzung der Gewährleistungsverpflichtung in inhaltlicher und umfänglicher Hinsicht

- die rechtzeitige Bereitstellung
- der erforderlichen ausdifferenzierten Dienste und
- geeigneten Einrichtungen
- in vielfältigsten inhaltlichen/weltanschaulichen Ausrichtungen
- mit ausreichender (Fach-)Personal-, Sachmittel-
- sowie Finanzausstattung

vorzuhalten und anzubieten.

Vor dem Hintergrund der dem öffentlichen Träger zugeschriebenen Gesamtverantwortung (§ 79 Abs. 1 SGB VIII) und seiner Gewährleistungspflicht (§ 79 Abs. 2 SGB VIII) hat er im Rahmen seiner

- Personal-,
- Organisations- und
- Finanzhoheit

die entsprechenden Vorkehrungen und Dispositionen zu treffen mit der Folge, dass z. B. die Vertretungskörperschaft (Landkreis, Gemeinde) finanzielle Mittel in entsprechender Höhe bereitstellen muss, damit die Jugendämter als zuständige Fachbehörden die ihnen nach dem SGB VIII zugewiesenen Aufgaben erfüllen können.

Gemäß § 79 Abs. 2 Satz 2 SGB VIII ist von den bereitzustellenden Mitteln auch ein angemessener Anteil für die Jugendarbeit (§ 11 ff. SGB VIII) zur Verfügung zu stellen – und nicht nur für ausschließlich pflichtige Aufgaben.

Darüber hinaus sind die Jugendämter/Landesjugendämter zur Erfüllung der Aufgaben in fachlich personeller und sachlicher Hinsicht durch den örtlichen Träger ausreichend auszustatten (§ 79 Abs. 3 SGB VIII).

Nach § 79 Abs. 2 SGB VIII soll zudem eine kontinuierliche Qualitätsentwicklung nach dem seit 1. 1. 2012 geltenden § 79a SGB VIII gewährleistet werden.

Jugendhilfeplanung

Die Jugendhilfeplanung gemäß § 80 SGB VIII ist im Rahmen der nach § 79 Abs. 1 SGB VIII dem öffentlichen Träger zugewiesenen Planungsverantwortung eine durch ihn unter frühzeitiger, das heißt in allen Phasen des Planungsprozesses umfänglicher Beteiligung der anerkannten Träger der freien Jugendhilfe zu erfüllende Pflichtaufgabe.

In diesem, unter Beteiligung der Betroffenen umfänglichen und kontinuierlichen Planungsprozess geht es um Steuerung und Gestaltung der Jugendhilfe vor Ort. Dazu gehört eine in qualitativer und quantitativer Hinsicht abgesicherte jugendhilfliche Infrastruktur, das rechtzeitige und ausreichende Vorhalten erforderlicher, geeigneter und bedarfsgerechter Einrichtungen und Dienste. Wichtig sind auch die Koordinierung der abgestimmten Zusammenarbeit zwischen der öffentlichen und freien Jugendhilfe zur Absicherung der Aufgabenerfüllung (Priorisierung, Entwicklung) im Kontext der Gesamtverantwortlichkeit (§ 79 Abs. 1 SGB VIII) des öffentlichen Trägers, die Realisierung der Gewährleistungspflicht (§ 79 Abs. 2 SGB VIII) und die Umsetzung der in § 1 SGB VIII skizzierten Ziele (vgl. § 80 Abs. 2 und 4 SGB VIII).

Zuständig für die Beschlussfassung über die Jugendhilfeplanung, die zudem in der Regel durch Fachplanungen für Teilbereiche der Kinder- und Jugendhilfe, wie z. B. für die offene Kinder- und Jugendarbeit, oder für den Bereich der Kindertagesbetreuung ergänzt und komplettiert werden, ist der Jugendhilfeausschuss (§ 71 Abs. 2 Nr. 2 SGB VIII).

Minimalanforderungen hinsichtlich der Beteiligung der anerkannten Träger der freien Jugendhilfe am Planungsprozess, deren Einhaltung sie einfordern und einklagen können, sind in § 80 Abs. 3 SGB VIII geregelt.

Des Weiteren ist eine nach § 80 Abs. 4 SGB VIII vorgesehene inhaltliche Abstimmung und Verzahnung mit anderen Planungen vorgegeben.

Damit im Rahmen der Jugendhilfeplanung Strategien entwickelt werden können, um die komplexen Aufgaben der Jugendhilfe lösen zu können, bedarf es eines strukturierten Planungsverfahrens. Voraussetzung für einen Prozess der Jugendhilfeplanung ist nach § 80 Abs. 1 SGB VIII mindestens eine:

- Bestandsfeststellung (Ist-Zustand)
- Zielformulierung
- Bedarfsermittlung (Soll-Zustand)
- Bedarfsdeckungsplanung (inkl. evtl. Priorisierung)
- Durchführungsplanung

- Umsetzung der vorgegebenen Vorhaben
- Erfolgskontrolle/Nachhaltigkeits-, Wirksamkeitsfeststellung
- Planfortschreibung/bedarfsgerechte Weiterentwicklung

Hinsichtlich der erforderlichen Wirkungskontrolle – als Voraussetzung für eine gegebenenfalls erforderliche Weiterentwicklung – als auch zum Zwecke der politischen Legitimation und Rechtfertigung ist eine kontinuierliche begleitende Evaluation und Umsetzungskontrolle unentbehrlich. Nur so kann der Jugendhilfeplan mit seinem abstrakt generellen Inhalt (er stellt eine Willenserklärung dar, aus ihm selbst folgt jedoch kein einklagbarer Rechtsanspruch) auf seine „Realitätsbezogenheit", also auf seine tatsächliche Außenwirkung in der konkreten Umsetzung vor Ort vollzogen und letztendlich an seinen Ergebnissen überprüft werden.

Zuständigkeiten

Nach § 86 SGB VIII ist für die Gewährung von Leistungen nach dem SGB VIII der örtliche Träger der öffentlichen Jugendhilfe zuständig, in dessen Bereich die Eltern ihren gewöhnlichen Aufenthalt haben. An die Stelle der Eltern tritt die Mutter, wenn und solange die Vaterschaft nicht anerkannt oder gerichtlich festgestellt ist. Lebt nur ein Elternteil, so ist dessen gewöhnlicher Aufenthalt maßgebend.

Haben die Elternteile verschiedene gewöhnliche Aufenthalte, so ist der örtliche Träger zuständig, in dessen Bereich der personensorgeberechtigte Elternteil seinen gewöhnlichen Aufenthalt hat. Dies gilt im Übrigen auch dann, wenn ihm einzelne Angelegenheiten der Personensorge entzogen sind.

Steht die Personensorge den Eltern gemeinsam zu, so richtet sich die Zuständigkeit nach dem gewöhnlichen Aufenthalt des Elternteils, bei dem das Kind oder der Jugendliche vor Beginn der Leistung zuletzt seinen gewöhnlichen Aufenthalt hatte.

Für Leistungen an junge Volljährige ist der örtliche Träger zuständig, in dessen Bereich der junge Volljährige vor Leistungsbeginn seinen gewöhnlichen Aufenthalt hat.

Die Zuständigkeit für andere Aufgaben – als die Leistungsgewährung – regeln die §§ 87 bis 87e SGB VIII. § 88a SGB VIII regelt die örtliche Zuständigkeit für vorläufige Maßnahmen, Leistungen und die Amtsvormundschaft für unbegleitete ausländische Kinder und Jugendliche (vgl. dazu die Ausführungen ab Seite 31).

Für die Gewährung von Leistungen der Jugendhilfe im Ausland ist nach § 88 SGB VIII der überörtliche Träger zuständig, in dessen Bereich der junge Mensch geboren ist. Liegt der Geburtsort im Ausland oder ist er nicht zu ermitteln, so ist das Land Berlin zuständig.

Wurden allerdings bereits vor der Ausreise Leistungen der Jugendhilfe gewährt, so bleibt der bisher tätige örtliche Träger zuständig. Dabei bleibt eine Unterbrechung der Hilfeleistungen von bis zu drei Monaten außer Betracht.

Kostenbeteiligung

Die §§ 90 bis 95 SGB VIII beschäftigen sich mit den Möglichkeiten, den Leistungsempfängern eine Kostenbeteiligung aufzuerlegen. So können für die Inanspruchnahme von Angeboten

- der Jugendarbeit (beachten Sie dazu die Ausführungen zum Thema „Grundsätze der Jugendarbeit")
- der allgemeinen Förderung der Erziehung in der Familie (beachten Sie dazu die Ausführungen zum Thema „Förderung der Erziehung in der Familie")

Kostenbeiträge festgesetzt werden. Durch Landesrecht werden Einzelheiten bestimmt.

§§ 91 bis 94 SGB VIII beschäftigen sich mit den Kostenbeiträgen für stationäre und teilstationäre Leistungen sowie für vorläufige Maßnahmen.

So werden beispielsweise Kostenbeiträge in Zusammenhang mit der Unterkunft junger Menschen in einer sozialpädagogisch begleiteten Wohnform (beachten Sie dazu die Ausführungen zum Thema „Förderung von Kindern in Tageseinrichtungen und Kindertagespflege" ab Seite 24) erhoben. Das gilt unter anderem bei der Hilfe zur Erziehung in Vollzeitpflege (beachten Sie dazu die Ausführungen zum Thema „Andere Aufgaben der Jugendhilfe" ab Seite 30).

Die Heranziehung zu Kosten richtet sich nach dem Einkommen, z. B. der Kinder und Jugendlichen, aber auch der Ehegatten und Lebenspartner junger Menschen sowie der Eltern beziehungsweise des Elternteils (§ 92 SGB VIII).

Zu den Kosten vollstationärer Leistungen sind junge Volljährige und volljährige Leistungsberechtigte zusätzlich aus ihrem Vermögen nach Maßgabe der §§ 90 und 91 SGB XII heranzuziehen.

Der Kostenbeitrag wird durch Leistungsbescheid festgesetzt.

Um die Berechnung des zu berücksichtigenden Einkommens geht es in § 93 SGB VIII. Dazu gehören alle Einkünfte in Geld oder Geldeswert mit Ausnahme von Rentenleistungen nach dem Entschädigungsrecht.

Geldleistungen, die dem gleichen Zweck wie die jeweilige Leistung der Jugendhilfe dienen, zählen nicht zum Einkommen und sind unabhängig von einem Kostenbeitrag einzusetzen.

Schmerzensgeldansprüche (vgl. § 253 Abs. 2 BGB) sind nicht als Einkommen zu berücksichtigen.

Die Kostenbeitragspflichtigen werden in angemessenem Umfang herangezogen, um aus ihrem Einkommen zur Kostendeckung beizutragen (§ 94 SGB VIII). Die tatsächlichen Aufwendungen dürfen durch die Kostenbeiträge natürlich nicht überschritten werden. Eltern sollen nachrangig herangezogen werden. Das gilt auch für Ehegatten und Lebenspartner. Diese sind aber vorrangig vor den Eltern zu berücksichtigen.

Bei vollstationären Leistungen haben insbesondere junge Menschen nach Abzug der in § 93 Abs. 2 SGB VIII genannten Beträge 75 % ihres Einkommens als Kostenbeitrag einzusetzen. Dabei ist das durchschnittliche Monatseinkommen maßgeblich, das die kostenbeitragspflichtige Person in dem Kalenderjahr erzielt hat, welches dem jeweiligen Kalenderjahr der Leistung oder Maßnahme vorangeht (§93 Abs. 4 SGB VIII). Allerdings wird auf Antrag der kostenbeitragspflichtigen Person dieses Einkommen nachträglich durch das durchschnittliche Monatseinkommen ersetzt, welches die Person in dem jeweiligen Kalenderjahr der Leistung oder Maßnahme erzielt hat. Der Antrag kann innerhalb eines Jahres nach Ablauf des Kalenderjahres gestellt werden. Wird ein Härtefall geltend gemacht, wird vorläufig von dem glaubhaft gemachten, dem Zeitraum entsprechenden Monatseinkommen ausgegangen. Endgültig ist in diesem Fall das nach Ablauf des Kalenderjahres zu ermittelnde durchschnittliche Monatseinkommen dieses Jahres maßgeblich.

Mit der Überleitung von Ansprüchen beschäftigt sich § 95 SGB VIII. Es geht hier darum, dass jemand, der kostenbeitragspflichtig ist, für die Zeit der Gewährung von Jugendhilfe einen Anspruch gegen einen anderen hat. Bei dem „anderen" darf es sich nicht um einen Leistungsträger des Sozialrechts handeln. Auch darf es hier nicht um einen Kostenbeitragspflichtigen gehen. Der Anspruchsübergang tritt nur insoweit ein, als bei rechtzeitiger Leistung des „anderen" entweder Jugendhilfe nicht gewährt worden oder ein Kostenbeitrag zu leisten wäre.

Der Übergang ist nicht dadurch ausgeschlossen, dass der Anspruch nicht übertragen, verpfändet oder gepfändet werden kann.

Wichtig: Widerspruch und Anfechtungsklage gegen den Verwaltungsakt, der den Übergang des Anspruchs bewirkt, haben keine aufschiebende Wirkung.

Kinder- und Jugendhilfestatistik

Statistische Erhebungen werden in den §§ 98 bis 103 SGB VIII vorgeschrieben. Zweck ist die Beurteilung der Auswirkungen des SGB VIII. Sie dienen auch der Fortentwicklung dieses Buches des SGB.

So sind beispielsweise laufende Erhebungen über Kinder und tätige Personen (Mitarbeiter) in Tageseinrichtungen sowie in öffentlich geförderter Kindertagespflege durchzuführen.

§ 99 SGB VIII beschäftigt sich mit den maßgebenden Erhebungsmerkmalen, während es in § 101 SGB VIII unter anderem um den Berichtszeitraum geht.

Für die Erhebungen, die zur Erstellung der Kinder- und Jugendhilfestatistik erforderlich sind, besteht Auskunftspflicht (§ 102 Abs. 1 SGB VIII).

Verfahren vor dem Familiengericht

Zum 1. 9. 2009 hat das Gesetz über das Verfahren in Familiensachen und in den Angelegenheiten der freiwilligen Gerichtsbarkeit (FamFG) zu umfassenden Änderungen geführt. So sind unter anderem die Vormundschaftsgerichte abgeschafft worden. Die Zuständigkeit, die bisher dieser Gerichtsbarkeit zugewiesen war, obliegt seitdem den Familien- bzw. Betreuungsgerichten.

Die §§ 151 bis 168a FamFG beschäftigen sich mit Kindschaftssachen. Es handelt sich um dem Familiengericht zugewiesene Verfahren, betreffend:

- die elterliche Sorge
- das Umgangsrecht
- die Kindesherausgabe
- die Vormundschaft
- die Pflegschaft oder die gerichtliche Bestellung eines sonstigen Vertreters für einen Minderjährigen oder für eine Leibesfrucht
- die Genehmigung der freiheitsentziehenden Unterbringung eines Minderjährigen
- die Anordnung der freiheitsentziehenden Unterbringung eines Minderjährigen nach den Landesgesetzen über die Unterbringung psychisch Kranker
- die Aufgaben nach dem Jugendgerichtsgesetz

Gemäß § 152 FamFG ist das Gericht zuständig, in dessen Bezirk das Kind seinen gewöhnlichen Aufenthalt hat.

§ 158 FamFG sieht die Bestellung eines Verfahrensbeistandes für minderjährige Kinder vor. Die Bestellung ist beispielsweise dann erforderlich, wenn das Interesse des Kindes zu den Interessen seiner gesetzlichen Vertreter in erheblichem Gegensatz steht.

Wenn das Kind das 14. Lebensjahr vollendet hat, ist es vom Gericht persönlich anzuhören (§ 158 FamFG). Gemäß § 160 FamFG soll das Gericht in Verfahren, die die Person des Kindes betreffen, die Eltern persönlich anhören. Lebt das Kind seit längerer Zeit in Familienpflege, kann das Familiengericht in Verfahren, die die Person des Kindes betreffen, die Pflegeperson im Interesse des Kindes als Beteiligte hinzuziehen.

Mitwirkung des Jugendamtes im gerichtlichen Verfahren

Familiengericht
(seit 1.9.2009 zuständig
für alle Angelegenheiten
Minderjähriger)

↓

Jugendamt unterstützt bei allen Maßnahmen, die die Sorge für die Person von Kindern und Jugendlichen betreffen

↓ ↓

Anhörung bei

- Annahme als Kind
- Ersetzung der Einwilligung eines Elternteils in die Annahme als Kind
- Rückübertragung der elterlichen Sorge

Anhörung bei

- Befreiung vom Erfordernis der Volljährigkeit
- Ersetzung der Zustimmung zur Bestätigung der Ehe
- Übertragung von Angelegenheiten der elterlichen Sorge
- Unterstützung der Eltern bei Ausübung der Personensorge
- Unterbringung, die mit Freiheitsentziehung verbunden ist
- Herausgabe des Kindes (z.B. Wegnahme von einer Pflegeperson)
- Umgang mit dem Kind
- Gefährdung des Kindeswohles
- Sorge bei Getrenntleben der Eltern
- Ruhen der elterlichen Sorge
- elterliche Sorge nach Tod eines Elternteils oder nach Entziehung des Sorgerechts

3 Gesetzliche Grundlagen – einschließlich Verordnungen

Sozialgesetzbuch Achtes Buch – Kinder- und Jugendhilfe 59

Gesetz zur Kooperation und Information im Kinderschutz 119

Kostenbeitragsverordnung 121

Sozialgesetzbuch (SGB) Achtes Buch (VIII) – Kinder- und Jugendhilfe – (SGB VIII)

in der Fassung der Bekanntmachung vom 11. September 2012 (BGBl. I S. 2022)

Zuletzt geändert durch
Gesetz zur Verbesserung der Unterbringung, Versorgung und Betreuung ausländischer Kinder und Jugendlicher vom 28. Oktober 2015 (BGBl. I S. 1802)

Inhaltsübersicht

Erstes Kapitel
Allgemeine Vorschriften

§ 1 Recht auf Erziehung, Elternverantwortung, Jugendhilfe
§ 2 Aufgaben der Jugendhilfe
§ 3 Freie und öffentliche Jugendhilfe
§ 4 Zusammenarbeit der öffentlichen Jugendhilfe mit der freien Jugendhilfe
§ 5 Wunsch- und Wahlrecht
§ 6 Geltungsbereich
§ 7 Begriffsbestimmungen
§ 8 Beteiligung von Kindern und Jugendlichen
§ 8a Schutzauftrag bei Kindeswohlgefährdung
§ 8b Fachliche Beratung und Begleitung zum Schutz von Kindern und Jugendlichen
§ 9 Grundrichtung der Erziehung, Gleichberechtigung von Mädchen und Jungen
§ 10 Verhältnis zu anderen Leistungen und Verpflichtungen

Zweites Kapitel
Leistungen der Jugendhilfe

Erster Abschnitt
Jugendarbeit, Jugendsozialarbeit, erzieherischer Kinder- und Jugendschutz

§ 11 Jugendarbeit
§ 12 Förderung der Jugendverbände
§ 13 Jugendsozialarbeit
§ 14 Erzieherischer Kinder- und Jugendschutz
§ 15 Landesrechtsvorbehalt

Zweiter Abschnitt
Förderung der Erziehung in der Familie

§ 16 Allgemeine Förderung der Erziehung in der Familie
§ 17 Beratung in Fragen der Partnerschaft, Trennung und Scheidung
§ 18 Beratung und Unterstützung bei der Ausübung der Personensorge und des Umgangsrechts
§ 19 Gemeinsame Wohnformen für Mütter/Väter und Kinder
§ 20 Betreuung und Versorgung des Kindes in Notsituationen
§ 21 Unterstützung bei notwendiger Unterbringung zur Erfüllung der Schulpflicht

Dritter Abschnitt
Förderung von Kindern in Tageseinrichtungen und in Kindertagespflege

§ 22 Grundsätze der Förderung
§ 22a Förderung in Tageseinrichtungen
§ 23 Förderung in Kindertagespflege
§ 24 Anspruch auf Förderung in Tageseinrichtungen und in Kindertagespflege
§ 24a (weggefallen)
§ 25 Unterstützung selbst organisierter Förderung von Kindern
§ 26 Landesrechtsvorbehalt

**Vierter Abschnitt
Hilfe zur Erziehung, Eingliederungshilfe für seelisch behinderte Kinder und Jugendliche, Hilfe für junge Volljährige**

**Erster Unterabschnitt
Hilfe zur Erziehung**

§ 27 Hilfe zur Erziehung
§ 28 Erziehungsberatung
§ 29 Soziale Gruppenarbeit
§ 30 Erziehungsbeistand, Betreuungshelfer
§ 31 Sozialpädagogische Familienhilfe
§ 32 Erziehung in einer Tagesgruppe
§ 33 Vollzeitpflege
§ 34 Heimerziehung, sonstige betreute Wohnform
§ 35 Intensive sozialpädagogische Einzelbetreuung

**Zweiter Unterabschnitt
Eingliederungshilfe für seelisch behinderte Kinder und Jugendliche**

§ 35a Eingliederungshilfe für seelisch behinderte Kinder und Jugendliche

**Dritter Unterabschnitt
Gemeinsame Vorschriften für die Hilfe zur Erziehung und die Eingliederungshilfe für seelisch behinderte Kinder und Jugendliche**

§ 36 Mitwirkung, Hilfeplan
§ 36a Steuerungsverantwortung, Selbstbeschaffung
§ 37 Zusammenarbeit bei Hilfen außerhalb der eigenen Familie
§ 38 Vermittlung bei der Ausübung der Personensorge
§ 39 Leistungen zum Unterhalt des Kindes oder des Jugendlichen
§ 40 Krankenhilfe

**Vierter Unterabschnitt
Hilfe für junge Volljährige**

§ 41 Hilfe für junge Volljährige, Nachbetreuung

**Drittes Kapitel
Andere Aufgaben der Jugendhilfe**

**Erster Abschnitt
Vorläufige Maßnahmen zum Schutz von Kindern und Jugendlichen**

§ 42 Inobhutnahme von Kindern und Jugendlichen
§ 42a Vorläufige Inobhutnahme von ausländischen Kindern und Jugendlichen nach unbegleiteter Einreise
§ 42b Verfahren zur Verteilung unbegleiteter ausländischer Kinder und Jugendlicher
§ 42c Aufnahmequote
§ 42d Übergangsregelung
§ 42e Berichtspflicht
§ 42f Behördliches Verfahren zur Altersfeststellung

**Zweiter Abschnitt
Schutz von Kindern und Jugendlichen in Familienpflege und in Einrichtungen**

§ 43 Erlaubnis zur Kindertagespflege
§ 44 Erlaubnis zur Vollzeitpflege
§ 45 Erlaubnis für den Betrieb einer Einrichtung
§ 46 Örtliche Prüfung
§ 47 Meldepflichten
§ 48 Tätigkeitsuntersagung
§ 48a Sonstige betreute Wohnform
§ 49 Landesrechtsvorbehalt

**Dritter Abschnitt
Mitwirkung in gerichtlichen Verfahren**

§ 50 Mitwirkung in Verfahren vor den Familiengerichten
§ 51 Beratung und Belehrung in Verfahren zur Annahme als Kind
§ 52 Mitwirkung in Verfahren nach dem Jugendgerichtsgesetz

**Vierter Abschnitt
Beistandschaft, Pflegschaft und Vormundschaft für Kinder und Jugendliche, Auskunft über Nichtabgabe von Sorgeerklärungen**

§ 52a Beratung und Unterstützung bei Vaterschaftsfeststellung und Geltendmachung von Unterhaltsansprüchen

§ 53 Beratung und Unterstützung von Pflegern und Vormündern

§ 54 Erlaubnis zur Übernahme von Vereinsvormundschaften

§ 55 Beistandschaft, Amtspflegschaft und Amtsvormundschaft

§ 56 Führung der Beistandschaft, der Amtspflegschaft und der Amtsvormundschaft

§ 57 Mitteilungspflicht des Jugendamts

§ 58 Gegenvormundschaft des Jugendamts

§ 58a Sorgeregister; Bescheinigung über Nichtvorliegen von Eintragungen im Sorgeregister

**Fünfter Abschnitt
Beurkundung, vollstreckbare Urkunden**

§ 59 Beurkundung

§ 60 Vollstreckbare Urkunden

**Viertes Kapitel
Schutz von Sozialdaten**

§ 61 Anwendungsbereich

§ 62 Datenerhebung

§ 63 Datenspeicherung

§ 64 Datenübermittlung und -nutzung

§ 65 Besonderer Vertrauensschutz in der persönlichen und erzieherischen Hilfe

§ 66 (weggefallen)

§ 67 (weggefallen)

§ 68 Sozialdaten im Bereich der Beistandschaft, Amtspflegschaft und der Amtsvormundschaft

**Fünftes Kapitel
Träger der Jugendhilfe, Zusammenarbeit, Gesamtverantwortung**

**Erster Abschnitt
Träger der öffentlichen Jugendhilfe**

§ 69 Träger der öffentlichen Jugendhilfe, Jugendämter, Landesjugendämter

§ 70 Organisation des Jugendamts und des Landesjugendamts

§ 71 Jugendhilfeausschuss, Landesjugendhilfeausschuss

§ 72 Mitarbeiter, Fortbildung

§ 72a Tätigkeitsausschluss einschlägig vorbestrafter Personen

**Zweiter Abschnitt
Zusammenarbeit mit der freien Jugendhilfe, ehrenamtliche Tätigkeit**

§ 73 Ehrenamtliche Tätigkeit

§ 74 Förderung der freien Jugendhilfe

§ 74a Finanzierung von Tageseinrichtungen für Kinder

§ 75 Anerkennung als Träger der freien Jugendhilfe

§ 76 Beteiligung anerkannter Träger der freien Jugendhilfe an der Wahrnehmung anderer Aufgaben

§ 77 Vereinbarungen über die Höhe der Kosten

§ 78 Arbeitsgemeinschaften

**Dritter Abschnitt
Vereinbarungen über Leistungsangebote, Entgelte und Qualitätsentwicklung**

§ 78a Anwendungsbereich

§ 78b Voraussetzungen für die Übernahme des Leistungsentgelts

§ 78c Inhalt der Leistungs- und Entgeltvereinbarungen

§ 78d Vereinbarungszeitraum

§ 78e Örtliche Zuständigkeit für den Abschluss von Vereinbarungen

§ 78f Rahmenverträge

§ 78g Schiedsstelle

3

Vierter Abschnitt
Gesamtverantwortung, Jugendhilfeplanung

§ 79 Gesamtverantwortung, Grundausstattung
§ 79a Qualitätsentwicklung in der Kinder- und Jugendhilfe
§ 80 Jugendhilfeplanung
§ 81 Strukturelle Zusammenarbeit mit anderen Stellen und öffentlichen Einrichtungen

Sechstes Kapitel
Zentrale Aufgaben

§ 82 Aufgaben der Länder
§ 83 Aufgaben des Bundes, Bundesjugendkuratorium
§ 84 Jugendbericht

Siebtes Kapitel
Zuständigkeit, Kostenerstattung

Erster Abschnitt
Sachliche Zuständigkeit

§ 85 Sachliche Zuständigkeit

Zweiter Abschnitt
Örtliche Zuständigkeit

Erster Unterabschnitt
Örtliche Zuständigkeit für Leistungen

§ 86 Örtliche Zuständigkeit für Leistungen an Kinder, Jugendliche und ihre Eltern
§ 86a Örtliche Zuständigkeit für Leistungen an junge Volljährige
§ 86b Örtliche Zuständigkeit für Leistungen in gemeinsamen Wohnformen für Mütter/Väter und Kinder
§ 86c Fortdauernde Leistungsverpflichtung und Fallübergabe bei Zuständigkeitswechsel
§ 86d Verpflichtung zum vorläufigen Tätigwerden

Zweiter Unterabschnitt
Örtliche Zuständigkeit für andere Aufgaben

§ 87 Örtliche Zuständigkeit für vorläufige Maßnahmen zum Schutz von Kindern und Jugendlichen
§ 87a Örtliche Zuständigkeit für Erlaubnis, Meldepflichten und Untersagung
§ 87b Örtliche Zuständigkeit für die Mitwirkung in gerichtlichen Verfahren
§ 87c Örtliche Zuständigkeit für die Beistandschaft, die Amtspflegschaft, die Amtsvormundschaft und die Bescheinigung nach § 58a
§ 87d Örtliche Zuständigkeit für weitere Aufgaben im Vormundschaftswesen
§ 87e Örtliche Zuständigkeit für Beurkundung und Beglaubigung

Dritter Unterabschnitt
Örtliche Zuständigkeit bei Aufenthalt im Ausland

§ 88 Örtliche Zuständigkeit bei Aufenthalt im Ausland

Vierter Unterabschnitt
Örtliche Zuständigkeit für vorläufige Maßnahmen, Leistungen und die Amtsvormundschaft für unbegleitete ausländische Kinder und Jugendliche

§ 88a Örtliche Zuständigkeit für vorläufige Maßnahmen, Leistungen und die Amtsvormundschaft für unbegleitete ausländische Kinder und Jugendliche

Dritter Abschnitt
Kostenerstattung

§ 89 Kostenerstattung bei fehlendem gewöhnlichen Aufenthalt
§ 89a Kostenerstattung bei fortdauernder Vollzeitpflege
§ 89b Kostenerstattung bei vorläufigen Maßnahmen zum Schutz von Kindern und Jugendlichen
§ 89c Kostenerstattung bei fortdauernder oder vorläufiger Leistungsverpflichtung
§ 89d Kostenerstattung bei Gewährung von Jugendhilfe nach der Einreise
§ 89e Schutz der Einrichtungsorte
§ 89f Umfang der Kostenerstattung
§ 89g Landesrechtsvorbehalt
§ 89h Übergangsvorschrift

**Achtes Kapitel
Kostenbeteiligung**

**Erster Abschnitt
Pauschalierte Kostenbeteiligung**

§ 90 Pauschalierte Kostenbeteiligung

**Zweiter Abschnitt
Kostenbeiträge für stationäre und teilstationäre Leistungen sowie vorläufige Maßnahmen**

§ 91 Anwendungsbereich
§ 92 Ausgestaltung der Heranziehung
§ 93 Berechnung des Einkommens
§ 94 Umfang der Heranziehung

**Dritter Abschnitt
Überleitung von Ansprüchen**

§ 95 Überleitung von Ansprüchen
§ 96 (weggefallen)

**Vierter Abschnitt
Ergänzende Vorschriften**

§ 97 Feststellung der Sozialleistungen
§ 97a Pflicht zur Auskunft
§ 97b (weggefallen)
§ 97c Erhebung von Gebühren und Auslagen

**Neuntes Kapitel
Kinder- und Jugendhilfestatistik**

§ 98 Zweck und Umfang der Erhebung
§ 99 Erhebungsmerkmale
§ 100 Hilfsmerkmale
§ 101 Periodizität und Berichtszeitraum
§ 102 Auskunftspflicht
§ 103 Übermittlung

**Zehntes Kapitel
Straf- und Bußgeldvorschriften**

§ 104 Bußgeldvorschriften
§ 105 Strafvorschriften

**Elftes Kapitel
Schlussvorschriften**

§ 106 Einschränkung eines Grundrechts

Erstes Kapitel
Allgemeine Vorschriften

§ 1 Recht auf Erziehung, Elternverantwortung, Jugendhilfe

(1) Jeder junge Mensch hat ein Recht auf Förderung seiner Entwicklung und auf Erziehung zu einer eigenverantwortlichen und gemeinschaftsfähigen Persönlichkeit.

(2) 1Pflege und Erziehung der Kinder sind das natürliche Recht der Eltern und die zuvörderst ihnen obliegende Pflicht. 2Über ihre Betätigung wacht die staatliche Gemeinschaft.

(3) Jugendhilfe soll zur Verwirklichung des Rechts nach Absatz 1 insbesondere

1. junge Menschen in ihrer individuellen und sozialen Entwicklung fördern und dazu beitragen, Benachteiligungen zu vermeiden oder abzubauen,
2. Eltern und andere Erziehungsberechtigte bei der Erziehung beraten und unterstützen,
3. Kinder und Jugendliche vor Gefahren für ihr Wohl schützen,
4. dazu beitragen, positive Lebensbedingungen für junge Menschen und ihre Familien sowie eine kinder- und familienfreundliche Umwelt zu erhalten oder zu schaffen.

§ 2 Aufgaben der Jugendhilfe

(1) Die Jugendhilfe umfasst Leistungen und andere Aufgaben zugunsten junger Menschen und Familien.

(2) Leistungen der Jugendhilfe sind:

1. Angebote der Jugendarbeit, der Jugendsozialarbeit und des erzieherischen Kinder- und Jugendschutzes (§§ 11 bis 14),
2. Angebote zur Förderung der Erziehung in der Familie (§§ 16 bis 21),
3. Angebote zur Förderung von Kindern in Tageseinrichtungen und in Tagespflege (§§ 22 bis 25),
4. Hilfe zur Erziehung und ergänzende Leistungen (§§ 27 bis 35, 36, 37, 39, 40),
5. Hilfe für seelisch behinderte Kinder und Jugendliche und ergänzende Leistungen (§§ 35a bis 37, 39, 40),
6. Hilfe für junge Volljährige und Nachbetreuung (§ 41).

(3) Andere Aufgaben der Jugendhilfe sind

1. die Inobhutnahme von Kindern und Jugendlichen (§ 42),
2. die vorläufige Inobhutnahme von ausländischen Kindern und Jugendlichen nach unbegleiteter Einreise (§ 42a),
3. die Erteilung, der Widerruf und die Zurücknahme der Pflegeerlaubnis (§§ 43, 44),
4. die Erteilung, der Widerruf und die Zurücknahme der Erlaubnis für den Betrieb einer Einrichtung sowie die Erteilung nachträglicher Auflagen und die damit verbundenen Aufgaben (§§ 45 bis 47, 48a),
5. die Tätigkeitsuntersagung (§§ 48, 48a),
6. die Mitwirkung in Verfahren vor den Familiengerichten (§ 50),
7. die Beratung und Belehrung in Verfahren zur Annahme als Kind (§ 51),
8. die Mitwirkung in Verfahren nach dem Jugendgerichtsgesetz (§ 52),
9. die Beratung und Unterstützung von Müttern bei Vaterschaftsfeststellung und Geltendmachung von Unterhaltsansprüchen sowie von Pflegern und Vormündern (§§ 52a, 53),
10. die Erteilung, der Widerruf und die Zurücknahme der Erlaubnis zur Übernahme von Vereinsvormundschaften (§ 54),
11. Beistandschaft, Amtspflegschaft, Amtsvormundschaft und Gegenvormundschaft des Jugendamts (§§ 55 bis 58),
12. Beurkundung (§ 59),
13. die Aufnahme von vollstreckbaren Urkunden (§ 60).

§ 3 Freie und öffentliche Jugendhilfe

(1) Die Jugendhilfe ist gekennzeichnet durch die Vielfalt von Trägern unterschiedlicher Wertorientierungen und die Vielfalt von Inhalten, Methoden und Arbeitsformen.

(2) 1Leistungen der Jugendhilfe werden von Trägern der freien Jugendhilfe und von Trägern der öffentlichen Jugendhilfe erbracht. 2Leistungsverpflichtungen, die durch dieses Buch begründet werden, richten sich an die Träger der öffentlichen Jugendhilfe.

(3) $_1$Andere Aufgaben der Jugendhilfe werden von Trägern der öffentlichen Jugendhilfe wahrgenommen. $_2$Soweit dies ausdrücklich bestimmt ist, können Träger der freien Jugendhilfe diese Aufgaben wahrnehmen oder mit ihrer Ausführung betraut werden.

§ 4 Zusammenarbeit der öffentlichen Jugendhilfe mit der freien Jugendhilfe

(1) $_1$Die öffentliche Jugendhilfe soll mit der freien Jugendhilfe zum Wohl junger Menschen und ihrer Familien partnerschaftlich zusammenarbeiten. $_2$Sie hat dabei die Selbständigkeit der freien Jugendhilfe in Zielsetzung und Durchführung ihrer Aufgaben sowie in der Gestaltung ihrer Organisationsstruktur zu achten.

(2) Soweit geeignete Einrichtungen, Dienste und Veranstaltungen von anerkannten Trägern der freien Jugendhilfe betrieben werden oder rechtzeitig geschaffen werden können, soll die öffentliche Jugendhilfe von eigenen Maßnahmen absehen.

(3) Die öffentliche Jugendhilfe soll die freie Jugendhilfe nach Maßgabe dieses Buches fördern und dabei die verschiedenen Formen der Selbsthilfe stärken.

§ 5 Wunsch- und Wahlrecht

(1) $_1$Die Leistungsberechtigten haben das Recht, zwischen Einrichtungen und Diensten verschiedener Träger zu wählen und Wünsche hinsichtlich der Gestaltung der Hilfe zu äußern. $_2$Sie sind auf dieses Recht hinzuweisen.

(2) $_1$Der Wahl und den Wünschen soll entsprochen werden, sofern dies nicht mit unverhältnismäßigen Mehrkosten verbunden ist. $_2$Wünscht der Leistungsberechtigte die Erbringung einer in § 78a genannten Leistung in einer Einrichtung, mit deren Träger keine Vereinbarungen nach § 78b bestehen, so soll der Wahl nur entsprochen werden, wenn die Erbringung der Leistung in dieser Einrichtung im Einzelfall oder nach Maßgabe des Hilfeplans (§ 36) geboten ist.

§ 6 Geltungsbereich

(1) $_1$Leistungen nach diesem Buch werden jungen Menschen, Müttern, Vätern und Personensorgeberechtigten von Kindern und Jugendlichen gewährt, die ihren tatsächlichen Aufenthalt im Inland haben. $_2$Für die Erfüllung anderer Aufgaben gilt Satz 1 entsprechend. $_3$Umgangsberechtigte haben unabhängig von ihrem tatsächlichen Aufenthalt Anspruch auf Beratung und Unterstützung bei der Ausübung des Umgangsrechts, wenn das Kind oder der Jugendliche seinen gewöhnlichen Aufenthalt im Inland hat.

(2) $_1$Ausländer können Leistungen nach diesem Buch nur beanspruchen, wenn sie rechtmäßig oder aufgrund einer ausländerrechtlichen Duldung ihren gewöhnlichen Aufenthalt im Inland haben. $_2$Absatz 1 Satz 2 bleibt unberührt.

(3) Deutschen können Leistungen nach diesem Buch auch gewährt werden, wenn sie ihren Aufenthalt im Ausland haben und soweit sie nicht Hilfe vom Aufenthaltsland erhalten.

(4) Regelungen des über- und zwischenstaatlichen Rechts bleiben unberührt.

§ 7 Begriffsbestimmungen

(1) Im Sinne dieses Buches ist

1. Kind, wer noch nicht 14 Jahre alt ist, soweit nicht die Absätze 2 bis 4 etwas anderes bestimmen,
2. Jugendlicher, wer 14, aber noch nicht 18 Jahre alt ist,
3. junger Volljähriger, wer 18, aber noch nicht 27 Jahre alt ist,
4. junger Mensch, wer noch nicht 27 Jahre alt ist,
5. Personensorgeberechtigter, wem allein oder gemeinsam mit einer anderen Person nach den Vorschriften des Bürgerlichen Gesetzbuchs die Personensorge zusteht,
6. Erziehungsberechtigter, der Personensorgeberechtigte und jede sonstige Person über 18 Jahre, soweit sie aufgrund einer Vereinbarung mit dem Personensorgeberechtigten nicht nur vorübergehend und nicht nur für einzelne Verrichtungen Aufgaben der Personensorge wahrnimmt.

(2) Kind im Sinne des § 1 Absatz 2 ist, wer noch nicht 18 Jahre alt ist.

(3) Werktage im Sinne der §§ 42a bis 42c sind die Wochentage Montag bis Freitag; ausgenommen sind gesetzliche Feiertage.

(4) Die Bestimmungen dieses Buches, die sich auf die Annahme als Kind beziehen, gelten nur für Personen, die das 18. Lebensjahr noch nicht vollendet haben.

§ 8 Beteiligung von Kindern und Jugendlichen

(1) $_{1}$Kinder und Jugendliche sind entsprechend ihrem Entwicklungsstand an allen sie betreffenden Entscheidungen der öffentlichen Jugendhilfe zu beteiligen. $_{2}$Sie sind in geeigneter Weise auf ihre Rechte im Verwaltungsverfahren sowie im Verfahren vor dem Familiengericht und dem Verwaltungsgericht hinzuweisen.

(2) Kinder und Jugendliche haben das Recht, sich in allen Angelegenheiten der Erziehung und Entwicklung an das Jugendamt zu wenden.

(3) $_{1}$Kinder und Jugendliche haben Anspruch auf Beratung ohne Kenntnis des Personensorgeberechtigten, wenn die Beratung auf Grund einer Not- und Konfliktlage erforderlich ist und solange durch die Mitteilung an den Personensorgeberechtigten der Beratungszweck vereitelt würde. $_{2}$§ 36 des Ersten Buches bleibt unberührt.

§ 8a Schutzauftrag bei Kindeswohlgefährdung

(1) $_{1}$Werden dem Jugendamt gewichtige Anhaltspunkte für die Gefährdung des Wohls eines Kindes oder Jugendlichen bekannt, so hat es das Gefährdungsrisiko im Zusammenwirken mehrerer Fachkräfte einzuschätzen. $_{2}$Soweit der wirksame Schutz dieses Kindes oder dieses Jugendlichen nicht in Frage gestellt wird, hat das Jugendamt die Erziehungsberechtigten sowie das Kind oder den Jugendlichen in die Gefährdungseinschätzung einzubeziehen und, sofern dies nach fachlicher Einschätzung erforderlich ist, sich dabei einen unmittelbaren Eindruck von dem Kind und von seiner persönlichen Umgebung zu verschaffen. $_{3}$Hält das Jugendamt zur Abwendung der Gefährdung die Gewährung von Hilfen für geeignet und notwendig, so hat es diese den Erziehungsberechtigten anzubieten.

(2) $_{1}$Hält das Jugendamt das Tätigwerden des Familiengerichts für erforderlich, so hat es das Gericht anzurufen; dies gilt auch, wenn die Erziehungsberechtigten nicht bereit oder in der Lage sind, bei der Abschätzung des Gefährdungsrisikos mitzuwirken. $_{2}$Besteht eine dringende Gefahr und kann die Entscheidung des Gerichts nicht abgewartet werden, so ist das Jugendamt verpflichtet, das Kind oder den Jugendlichen in Obhut zu nehmen.

(3) $_{1}$Soweit zur Abwendung der Gefährdung das Tätigwerden anderer Leistungsträger, der Einrichtungen der Gesundheitshilfe oder der Polizei notwendig ist, hat das Jugendamt auf die Inanspruchnahme durch die Erziehungsberechtigten hinzuwirken. $_{2}$Ist ein sofortiges Tätigwerden erforderlich und wirken die Personensorgeberechtigten oder die Erziehungsberechtigten nicht mit, so schaltet das Jugendamt die anderen zur Abwendung der Gefährdung zuständigen Stellen selbst ein.

(4) $_{1}$In Vereinbarungen mit den Trägern von Einrichtungen und Diensten, die Leistungen nach diesem Buch erbringen, ist sicherzustellen, dass

1. deren Fachkräfte bei Bekanntwerden gewichtiger Anhaltspunkte für die Gefährdung eines von ihnen betreuten Kindes oder Jugendlichen eine Gefährdungseinschätzung vornehmen,
2. bei der Gefährdungseinschätzung eine insoweit erfahrene Fachkraft beratend hinzugezogen wird sowie
3. die Erziehungsberechtigten sowie das Kind oder der Jugendliche in die Gefährdungseinschätzung einbezogen werden, soweit hierdurch der wirksame Schutz des Kindes oder Jugendlichen nicht in Frage gestellt wird.

$_{2}$In die Vereinbarung ist neben den Kriterien für die Qualifikation der beratend hinzuzuziehenden insoweit erfahrenen Fachkraft insbesondere die Verpflichtung aufzunehmen, dass die Fachkräfte der Träger bei den Erziehungsberechtigten auf die Inanspruchnahme von Hilfen hinwirken, wenn sie diese für erforderlich halten, und das Jugendamt informieren, falls die Gefährdung nicht anders abgewendet werden kann.

(5) 1Werden einem örtlichen Träger gewichtige Anhaltspunkte für die Gefährdung des Wohls eines Kindes oder eines Jugendlichen bekannt, so sind dem für die Gewährung von Leistungen zuständigen örtlichen Träger die Daten mitzuteilen, deren Kenntnis zur Wahrnehmung des Schutzauftrags bei Kindeswohlgefährdung nach § 8a erforderlich ist. 2Die Mitteilung soll im Rahmen eines Gespräches zwischen den Fachkräften der beiden örtlichen Träger erfolgen, an dem die Personensorgeberechtigten sowie das Kind oder der Jugendliche beteiligt werden sollen, soweit hierdurch der wirksame Schutz des Kindes oder des Jugendlichen nicht in Frage gestellt wird.

§ 8b Fachliche Beratung und Begleitung zum Schutz von Kindern und Jugendlichen

(1) Personen, die beruflich in Kontakt mit Kindern oder Jugendlichen stehen, haben bei der Einschätzung einer Kindeswohlgefährdung im Einzelfall gegenüber dem örtlichen Träger der Jugendhilfe Anspruch auf Beratung durch eine insoweit erfahrene Fachkraft.

(2) Träger von Einrichtungen, in denen sich Kinder oder Jugendliche ganztägig oder für einen Teil des Tages aufhalten oder in denen sie Unterkunft erhalten, und die zuständigen Leistungsträger haben gegenüber dem überörtlichen Träger der Jugendhilfe Anspruch auf Beratung bei der Entwicklung und Anwendung fachlicher Handlungsleitlinien

1. zur Sicherung des Kindeswohls und zum Schutz vor Gewalt sowie
2. zu Verfahren der Beteiligung von Kindern und Jugendlichen an strukturellen Entscheidungen in der Einrichtung sowie zu Beschwerdeverfahren in persönlichen Angelegenheiten.

§ 9 Grundrichtung der Erziehung, Gleichberechtigung von Mädchen und Jungen

Bei der Ausgestaltung der Leistungen und der Erfüllung der Aufgaben sind

1. die von den Personensorgeberechtigten bestimmte Grundrichtung der Erziehung sowie die Rechte der Personensorgeberechtigten und des Kindes oder des Jugendlichen bei der Bestimmung der religiösen Erziehung zu beachten,
2. die wachsende Fähigkeit und das wachsende Bedürfnis des Kindes oder des Jugendlichen zu selbständigem, verantwortungsbewusstem Handeln sowie die jeweiligen besonderen sozialen und kulturellen Bedürfnisse und Eigenarten junger Menschen und ihrer Familien zu berücksichtigen,
3. die unterschiedlichen Lebenslagen von Mädchen und Jungen zu berücksichtigen, Benachteiligungen abzubauen und die Gleichberechtigung von Mädchen und Jungen zu fördern.

§ 10 Verhältnis zu anderen Leistungen und Verpflichtungen

(1) 1Verpflichtungen anderer, insbesondere der Träger anderer Sozialleistungen und der Schulen, werden durch dieses Buch nicht berührt. 2Auf Rechtsvorschriften beruhende Leistungen anderer dürfen nicht deshalb versagt werden, weil nach diesem Buch entsprechende Leistungen vorgesehen sind.

(2) 1Unterhaltspflichtige Personen werden nach Maßgabe der §§ 90 bis 97b an den Kosten für Leistungen und vorläufige Maßnahmen nach diesem Buch beteiligt. 2Soweit die Zahlung des Kostenbeitrags die Leistungsfähigkeit des Unterhaltspflichtigen mindert oder der Bedarf des jungen Menschen durch Leistungen und vorläufige Maßnahmen nach diesem Buch gedeckt ist, ist dies bei der Berechnung des Unterhalts zu berücksichtigen.

(3) 1Die Leistungen nach diesem Buch gehen Leistungen nach dem Zweiten Buch vor. 2Abweichend von Satz 1 gehen Leistungen nach § 3 Absatz 2, den §§ 14 bis 16g, § 19 Absatz 2 in Verbindung mit § 28 Absatz 6 des Zweiten Buches sowie Leistungen nach § 6b Absatz 2 des Bundeskindergeldgesetzes in Verbindung mit § 28 Absatz 6 des Zweiten Buches den Leistungen nach diesem Buch vor.

(4) 1Die Leistungen nach diesem Buch gehen Leistungen nach dem Zwölften Buch vor. 2Abweichend von Satz 1 gehen Leistungen nach § 27a Absatz 1 in Verbindung mit § 34

Absatz 6 des Zwölften Buches und Leistungen der Eingliederungshilfe nach dem Zwölften Buch für junge Menschen, die körperlich oder geistig behindert oder von einer solchen Behinderung bedroht sind, den Leistungen nach diesem Buch vor. 3Landesrecht kann regeln, dass Leistungen der Frühförderung für Kinder unabhängig von der Art der Behinderung vorrangig von anderen Leistungsträgern gewährt werden.

Zweites Kapitel Leistungen der Jugendhilfe

Erster Abschnitt Jugendarbeit, Jugendsozialarbeit, erzieherischer Kinder- und Jugendschutz

§ 11 Jugendarbeit

(1) 1Jungen Menschen sind die zur Förderung ihrer Entwicklung erforderlichen Angebote der Jugendarbeit zur Verfügung zu stellen. 2Sie sollen an den Interessen junger Menschen anknüpfen und von ihnen mitbestimmt und mitgestaltet werden, sie zur Selbstbestimmung befähigen und zu gesellschaftlicher Mitverantwortung und zu sozialem Engagement anregen und hinführen.

(2) 1Jugendarbeit wird angeboten von Verbänden, Gruppen und Initiativen der Jugend, von anderen Trägern der Jugendarbeit und den Trägern der öffentlichen Jugendhilfe. 2Sie umfasst für Mitglieder bestimmte Angebote, die offene Jugendarbeit und gemeinwesenorientierte Angebote.

(3) Zu den Schwerpunkten der Jugendarbeit gehören:

1. außerschulische Jugendbildung mit allgemeiner, politischer, sozialer, gesundheitlicher, kultureller, naturkundlicher und technischer Bildung,
2. Jugendarbeit in Sport, Spiel und Geselligkeit,
3. arbeitswelt-, schul- und familienbezogene Jugendarbeit,
4. internationale Jugendarbeit,
5. Kinder- und Jugenderholung,
6. Jugendberatung.

(4) Angebote der Jugendarbeit können auch Personen, die das 27. Lebensjahr vollendet haben, in angemessenem Umfang einbeziehen.

§ 12 Förderung der Jugendverbände

(1) Die eigenverantwortliche Tätigkeit der Jugendverbände und Jugendgruppen ist unter Wahrung ihres satzungsgemäßen Eigenlebens nach Maßgabe des § 74 zu fördern.

(2) 1In Jugendverbänden und Jugendgruppen wird Jugendarbeit von jungen Menschen selbst organisiert, gemeinschaftlich gestaltet und mitverantwortet. 2Ihre Arbeit ist auf Dauer angelegt und in der Regel auf die eigenen Mitglieder ausgerichtet, sie kann sich aber auch an junge Menschen wenden, die nicht Mitglieder sind. 3Durch Jugendverbände und ihre Zusammenschlüsse werden Anliegen und Interessen junger Menschen zum Ausdruck gebracht und vertreten.

§ 13 Jugendsozialarbeit

(1) Jungen Menschen, die zum Ausgleich sozialer Benachteiligungen oder zur Überwindung individueller Beeinträchtigungen in erhöhtem Maße auf Unterstützung angewiesen sind, sollen im Rahmen der Jugendhilfe sozialpädagogische Hilfen angeboten werden, die ihre schulische und berufliche Ausbildung, Eingliederung in die Arbeitswelt und ihre soziale Integration fördern.

(2) Soweit die Ausbildung dieser jungen Menschen nicht durch Maßnahmen und Programme anderer Träger und Organisationen sichergestellt wird, können geeignete sozialpädagogisch begleitete Ausbildungs- und Beschäftigungsmaßnahmen angeboten werden, die den Fähigkeiten und dem Entwicklungsstand dieser jungen Menschen Rechnung tragen.

(3) 1Jungen Menschen kann während der Teilnahme an schulischen oder beruflichen Bildungsmaßnahmen oder bei der beruflichen Eingliederung Unterkunft in sozialpädagogisch begleiteten Wohnformen angeboten werden. 2In diesen Fällen sollen auch der notwendige Unterhalt des jungen Menschen sichergestellt und Krankenhilfe nach Maßgabe des § 40 geleistet werden.

(4) Die Angebote sollen mit den Maßnahmen der Schulverwaltung, der Bundesagentur für Arbeit, der Träger betrieblicher und außerbetrieblicher Ausbildung sowie der Träger von Beschäftigungsangeboten abgestimmt werden.

§ 14 Erzieherischer Kinder- und Jugendschutz

(1) Jungen Menschen und Erziehungsberechtigten sollen Angebote des erzieherischen Kinder- und Jugendschutzes gemacht werden.

(2) Die Maßnahmen sollen

1. junge Menschen befähigen, sich vor gefährdenden Einflüssen zu schützen und sie zu Kritikfähigkeit, Entscheidungsfähigkeit und Eigenverantwortlichkeit sowie zur Verantwortung gegenüber ihren Mitmenschen führen,
2. Eltern und andere Erziehungsberechtigte besser befähigen, Kinder und Jugendliche vor gefährdenden Einflüssen zu schützen.

§ 15 Landesrechtsvorbehalt

Das Nähere über Inhalt und Umfang der in diesem Abschnitt geregelten Aufgaben und Leistungen regelt das Landesrecht.

Zweiter Abschnitt Förderung der Erziehung in der Familie

§ 16 Allgemeine Förderung der Erziehung in der Familie

(1) 1Müttern, Vätern, anderen Erziehungsberechtigten und jungen Menschen sollen Leistungen der allgemeinen Förderung der Erziehung in der Familie angeboten werden. 2Sie sollen dazu beitragen, dass Mütter, Väter und andere Erziehungsberechtigte ihre Erziehungsverantwortung besser wahrnehmen können. 3Sie sollen auch Wege aufzeigen, wie Konfliktsituationen in der Familie gewaltfrei gelöst werden können.

(2) Leistungen zur Förderung der Erziehung in der Familie sind insbesondere

1. Angebote der Familienbildung, die auf Bedürfnisse und Interessen sowie auf Erfahrungen von Familien in unterschiedlichen Lebenslagen und Erziehungssituationen eingehen, die Familien in ihrer Gesundheitskompetenz stärken, die Familie zur Mitarbeit in Erziehungseinrichtungen und in Formen der Selbst- und Nachbarschaftshilfe besser befähigen sowie junge Menschen auf Ehe, Partnerschaft und das Zusammenleben mit Kindern vorbereiten,
2. Angebote der Beratung in allgemeinen Fragen der Erziehung und Entwicklung junger Menschen,
3. Angebote der Familienfreizeit und der Familienerholung, insbesondere in belastenden Familiensituationen, die bei Bedarf die erzieherische Betreuung der Kinder einschließen.

(3) Müttern und Vätern sowie schwangeren Frauen und werdenden Vätern sollen Beratung und Hilfe in Fragen der Partnerschaft und des Aufbaus elterlicher Erziehungs- und Beziehungskompetenzen angeboten werden.

(4) Das Nähere über Inhalt und Umfang der Aufgaben regelt das Landesrecht.

§ 17 Beratung in Fragen der Partnerschaft, Trennung und Scheidung

(1) 1Mütter und Väter haben im Rahmen der Jugendhilfe Anspruch auf Beratung in Fragen der Partnerschaft, wenn sie für ein Kind oder einen Jugendlichen zu sorgen haben oder tatsächlich sorgen. 2Die Beratung soll helfen,

1. ein partnerschaftliches Zusammenleben in der Familie aufzubauen,
2. Konflikte und Krisen in der Familie zu bewältigen,
3. im Falle der Trennung oder Scheidung die Bedingungen für eine dem Wohl des Kindes oder des Jugendlichen förderliche Wahrnehmung der Elternverantwortung zu schaffen.

(2) Im Fall der Trennung und Scheidung sind Eltern unter angemessener Beteiligung des betroffenen Kindes oder Jugendlichen bei der Entwicklung eines einvernehmlichen Konzepts für die Wahrnehmung der elterlichen Sorge und der elterlichen Verantwortung zu unterstützen; dieses Konzept kann auch als Grundlage für einen Vergleich oder eine gerichtliche Entscheidung im familiengerichtlichen Verfahren dienen.

(3) Die Gerichte teilen die Rechtshängigkeit von Scheidungssachen, wenn gemeinschaftliche minderjährige Kinder vorhanden sind, sowie Namen und Anschriften der beteiligten Eheleute und Kinder dem Jugendamt mit, damit dieses die Eltern über das Leistungsangebot der Jugendhilfe nach Absatz 2 unterrichtet.

§ 18 Beratung und Unterstützung bei der Ausübung der Personensorge und des Umgangsrechts

(1) Mütter und Väter, die allein für ein Kind oder einen Jugendlichen zu sorgen haben oder tatsächlich sorgen, haben Anspruch auf Beratung und Unterstützung

1. bei der Ausübung der Personensorge einschließlich der Geltendmachung von Unterhalts- oder Unterhaltsersatzansprüchen des Kindes oder Jugendlichen,
2. bei der Geltendmachung ihrer Unterhaltsansprüche nach § 1615l des Bürgerlichen Gesetzbuchs.

(2) Mütter und Väter, die mit dem anderen Elternteil nicht verheiratet sind, haben Anspruch auf Beratung über die Abgabe einer Sorgeerklärung und die Möglichkeit der gerichtlichen Übertragung der gemeinsamen elterlichen Sorge.

(3) $_1$Kinder und Jugendliche haben Anspruch auf Beratung und Unterstützung bei der Ausübung des Umgangsrechts nach § 1684 Absatz 1 des Bürgerlichen Gesetzbuchs. $_2$Sie sollen darin unterstützt werden, dass die Personen, die nach Maßgabe der §§ 1684, 1685 und 1686a des Bürgerlichen Gesetzbuchs zum Umgang mit ihnen berechtigt sind, von diesem Recht zu ihrem Wohl Gebrauch machen. $_3$Eltern, andere Umgangsberechtigte sowie Personen, in deren Obhut sich das Kind befindet, haben Anspruch auf Beratung und Unterstützung bei der Ausübung des Umgangsrechts. $_4$Bei der Befugnis, Auskunft über die persönlichen Verhältnisse des Kindes zu verlangen, bei der Herstellung von Umgangskontakten und bei der Ausführung gerichtlicher oder vereinbarter Umgangsregelungen soll vermittelt und in geeigneten Fällen Hilfestellung geleistet werden.

(4) Ein junger Volljähriger hat bis zur Vollendung des 21. Lebensjahres Anspruch auf Beratung und Unterstützung bei der Geltendmachung von Unterhalts- oder Unterhaltsersatzansprüchen.

§ 19 Gemeinsame Wohnformen für Mütter/Väter und Kinder

(1) $_1$Mütter oder Väter, die allein für ein Kind unter sechs Jahren zu sorgen haben oder tatsächlich sorgen, sollen gemeinsam mit dem Kind in einer geeigneten Wohnform betreut werden, wenn und solange sie auf Grund ihrer Persönlichkeitsentwicklung dieser Form der Unterstützung bei der Pflege und Erziehung des Kindes bedürfen. $_2$Die Betreuung schließt auch ältere Geschwister ein, sofern die Mutter oder der Vater für sie allein zu sorgen hat. $_3$Eine schwangere Frau kann auch vor der Geburt des Kindes in der Wohnform betreut werden.

(2) Während dieser Zeit soll darauf hingewirkt werden, dass die Mutter oder der Vater eine schulische oder berufliche Ausbildung beginnt oder fortführt oder eine Berufstätigkeit aufnimmt.

(3) Die Leistung soll auch den notwendigen Unterhalt der betreuten Personen sowie die Krankenhilfe nach Maßgabe des § 40 umfassen.

§ 20 Betreuung und Versorgung des Kindes in Notsituationen

(1) Fällt der Elternteil, der die überwiegende Betreuung des Kindes übernommen hat, für die Wahrnehmung dieser Aufgabe aus gesundheitlichen oder anderen zwingenden Gründen aus, so soll der andere Elternteil bei der Betreuung und Versorgung des im Haushalt lebenden Kindes unterstützt werden, wenn

1. er wegen berufsbedingter Abwesenheit nicht in der Lage ist, die Aufgabe wahrzunehmen,
2. die Hilfe erforderlich ist, um das Wohl des Kindes zu gewährleisten,
3. Angebote der Förderung des Kindes in Tageseinrichtungen oder in Kindertagespflege nicht ausreichen.

(2) Fällt ein allein erziehender Elternteil oder fallen beide Elternteile aus gesundheitlichen

oder anderen zwingenden Gründen aus, so soll unter der Voraussetzung des Absatzes 1 Nummer 3 das Kind im elterlichen Haushalt versorgt und betreut werden, wenn und solange es für sein Wohl erforderlich ist.

§ 21 Unterstützung bei notwendiger Unterbringung zur Erfüllung der Schulpflicht

1Können Personensorgeberechtigte wegen des mit ihrer beruflichen Tätigkeit verbundenen ständigen Ortswechsels die Erfüllung der Schulpflicht ihres Kindes oder Jugendlichen nicht sicherstellen und ist deshalb eine anderweitige Unterbringung des Kindes oder des Jugendlichen notwendig, so haben sie Anspruch auf Beratung und Unterstützung. 2In geeigneten Fällen können die Kosten der Unterbringung in einer für das Kind oder den Jugendlichen geeigneten Wohnform einschließlich des notwendigen Unterhalts sowie die Krankenhilfe übernommen werden. 3Die Leistung kann über das schulpflichtige Alter hinaus gewährt werden, sofern eine begonnene Schulausbildung noch nicht abgeschlossen ist, längstens aber bis zur Vollendung des 21. Lebensjahres.

Dritter Abschnitt
Förderung von Kindern in Tageseinrichtungen und in Kindertagespflege

§ 22 Grundsätze der Förderung

(1) 1Tageseinrichtungen sind Einrichtungen, in denen sich Kinder für einen Teil des Tages oder ganztägig aufhalten und in Gruppen gefördert werden. 2Kindertagespflege wird von einer geeigneten Tagespflegeperson in ihrem Haushalt oder im Haushalt des Personensorgeberechtigten geleistet. 3Das Nähere über die Abgrenzung von Tageseinrichtungen und Kindertagespflege regelt das Landesrecht. 4Es kann auch regeln, dass Kindertagespflege in anderen geeigneten Räumen geleistet wird.

(2) Tageseinrichtungen für Kinder und Kindertagespflege sollen

1. die Entwicklung des Kindes zu einer eigenverantwortlichen und gemeinschaftsfähigen Persönlichkeit fördern,
2. die Erziehung und Bildung in der Familie unterstützen und ergänzen,
3. den Eltern dabei helfen, Erwerbstätigkeit und Kindererziehung besser miteinander vereinbaren zu können.

(3) 1Der Förderungsauftrag umfasst Erziehung, Bildung und Betreuung des Kindes und bezieht sich auf die soziale, emotionale, körperliche und geistige Entwicklung des Kindes. 2Er schließt die Vermittlung orientierender Werte und Regeln ein. 3Die Förderung soll sich am Alter und Entwicklungsstand, den sprachlichen und sonstigen Fähigkeiten, der Lebenssituation sowie den Interessen und Bedürfnissen des einzelnen Kindes orientieren und seine ethnische Herkunft berücksichtigen.

§ 22a Förderung in Tageseinrichtungen

(1) 1Die Träger der öffentlichen Jugendhilfe sollen die Qualität der Förderung in ihren Einrichtungen durch geeignete Maßnahmen sicherstellen und weiterentwickeln. 2Dazu gehören die Entwicklung und der Einsatz einer pädagogischen Konzeption als Grundlage für die Erfüllung des Förderungsauftrags sowie der Einsatz von Instrumenten und Verfahren zur Evaluation der Arbeit in den Einrichtungen.

(2) 1Die Träger der öffentlichen Jugendhilfe sollen sicherstellen, dass die Fachkräfte in ihren Einrichtungen zusammenarbeiten

1. mit den Erziehungsberechtigten und Tagespflegepersonen zum Wohl der Kinder und zur Sicherung der Kontinuität des Erziehungsprozesses,
2. mit anderen kinder- und familienbezogenen Institutionen und Initiativen im Gemeinwesen, insbesondere solchen der Familienbildung und -beratung,
3. mit den Schulen, um den Kindern einen guten Übergang in die Schule zu sichern und um die Arbeit mit Schulkindern in Horten und altersgemischten Gruppen zu unterstützen.

2Die Erziehungsberechtigten sind an den Entscheidungen in wesentlichen Angelegenheiten der Erziehung, Bildung und Betreuung zu beteiligen.

(3) 1Das Angebot soll sich pädagogisch und organisatorisch an den Bedürfnissen der Kinder und ihrer Familien orientieren. 2Werden Einrichtungen in den Ferienzeiten geschlossen, so hat der Träger der öffentlichen Jugendhilfe für die Kinder, die nicht von den Erziehungsberechtigten betreut werden können, eine anderweitige Betreuungsmöglichkeit sicherzustellen.

(4) 1Kinder mit und ohne Behinderung sollen, sofern der Hilfebedarf dies zulässt, in Gruppen gemeinsam gefördert werden. 2Zu diesem Zweck sollen die Träger der öffentlichen Jugendhilfe mit den Trägern der Sozialhilfe bei der Planung, konzeptionellen Ausgestaltung und Finanzierung des Angebots zusammenarbeiten.

(5) Die Träger der öffentlichen Jugendhilfe sollen die Realisierung des Förderungsauftrages nach Maßgabe der Absätze 1 bis 4 in den Einrichtungen anderer Träger durch geeignete Maßnahmen sicherstellen.

§ 23 Förderung in Kindertagespflege

(1) Die Förderung in Kindertagespflege nach Maßgabe von § 24 umfasst die Vermittlung des Kindes zu einer geeigneten Tagespflegeperson, soweit diese nicht von der erziehungsberechtigten Person nachgewiesen wird, deren fachliche Beratung, Begleitung und weitere Qualifizierung sowie die Gewährung einer laufenden Geldleistung an die Tagespflegeperson.

(2) Die laufende Geldleistung nach Absatz 1 umfasst

1. die Erstattung angemessener Kosten, die der Tagespflegeperson für den Sachaufwand entstehen,
2. einen Betrag zur Anerkennung ihrer Förderungsleistung nach Maßgabe von Absatz 2a,
3. die Erstattung nachgewiesener Aufwendungen für Beiträge zu einer Unfallversicherung sowie die hälftige Erstattung nachgewiesener Aufwendungen zu einer angemessenen Alterssicherung der Tagespflegeperson und
4. die hälftige Erstattung nachgewiesener Aufwendungen zu einer angemessenen Krankenversicherung und Pflegeversicherung.

(2a) 1Die Höhe der laufenden Geldleistung wird von den Trägern der öffentlichen Jugendhilfe festgelegt, soweit Landesrecht nicht etwas anderes bestimmt. 2Der Betrag zur Anerkennung der Förderungsleistung der Tagespflegeperson ist leistungsgerecht auszugestalten. 3Dabei sind der zeitliche Umfang der Leistung und die Anzahl sowie der Förderbedarf der betreuten Kinder zu berücksichtigen.

(3) 1Geeignet im Sinne von Absatz 1 sind Personen, die sich durch ihre Persönlichkeit, Sachkompetenz und Kooperationsbereitschaft mit Erziehungsberechtigten und anderen Tagespflegepersonen auszeichnen und über kindgerechte Räumlichkeiten verfügen. 2Sie sollen über vertiefte Kenntnisse hinsichtlich der Anforderungen der Kindertagespflege verfügen, die sie in qualifizierten Lehrgängen erworben oder in anderer Weise nachgewiesen haben.

(4) 1Erziehungsberechtigte und Tagespflegepersonen haben Anspruch auf Beratung in allen Fragen der Kindertagespflege. 2Für Ausfallzeiten einer Tagespflegeperson ist rechtzeitig eine andere Betreuungsmöglichkeit für das Kind sicherzustellen. 3Zusammenschlüsse von Tagespflegepersonen sollen beraten, unterstützt und gefördert werden.

§ 24 Anspruch auf Förderung in Tageseinrichtungen und in Kindertagespflege

(1) 1Ein Kind, das das erste Lebensjahr noch nicht vollendet hat, ist in einer Einrichtung oder in Kindertagespflege zu fördern, wenn

1. diese Leistung für seine Entwicklung zu einer eigenverantwortlichen und gemeinschaftsfähigen Persönlichkeit geboten ist oder
2. die Erziehungsberechtigten
   a) einer Erwerbstätigkeit nachgehen, eine Erwerbstätigkeit aufnehmen oder Arbeit suchend sind,
   b) sich in einer beruflichen Bildungsmaßnahme, in der Schulausbildung oder Hochschulausbildung befinden oder

c) Leistungen zur Eingliederung in Arbeit im Sinne des Zweiten Buches erhalten.

$_{2}$Lebt das Kind nur mit einem Erziehungsberechtigten zusammen, so tritt diese Person an die Stelle der Erziehungsberechtigten. $_{3}$Der Umfang der täglichen Förderung richtet sich nach dem individuellen Bedarf.

(2) $_{1}$Ein Kind, das das erste Lebensjahr vollendet hat, hat bis zur Vollendung des dritten Lebensjahres Anspruch auf frühkindliche Förderung in einer Tageseinrichtung oder in Kindertagespflege. $_{2}$Absatz 1 Satz 3 gilt entsprechend.

(3) $_{1}$Ein Kind, das das dritte Lebensjahr vollendet hat, hat bis zum Schuleintritt Anspruch auf Förderung in einer Tageseinrichtung. $_{2}$Die Träger der öffentlichen Jugendhilfe haben darauf hinzuwirken, dass für diese Altersgruppe ein bedarfsgerechtes Angebot an Ganztagsplätzen zur Verfügung steht. $_{3}$Das Kind kann bei besonderem Bedarf oder ergänzend auch in Kindertagespflege gefördert werden.

(4) $_{1}$Für Kinder im schulpflichtigen Alter ist ein bedarfsgerechtes Angebot in Tageseinrichtungen vorzuhalten. $_{2}$Absatz 1 Satz 3 und Absatz 3 Satz 3 gelten entsprechend.

(5) $_{1}$Die Träger der öffentlichen Jugendhilfe oder die von ihnen beauftragten Stellen sind verpflichtet, Eltern oder Elternteile, die Leistungen nach den Absätzen 1 bis 4 in Anspruch nehmen wollen, über das Platzangebot im örtlichen Einzugsbereich und die pädagogische Konzeption der Einrichtungen zu informieren und sie bei der Auswahl zu beraten. $_{2}$Landesrecht kann bestimmen, dass die erziehungsberechtigten Personen den zuständigen Träger der öffentlichen Jugendhilfe oder die beauftragte Stelle innerhalb einer bestimmten Frist vor der beabsichtigten Inanspruchnahme der Leistung in Kenntnis setzen.

(6) Weitergehendes Landesrecht bleibt unberührt.

§ 24a (weggefallen)

§ 25 Unterstützung selbst organisierter Förderung von Kindern

Mütter, Väter und andere Erziehungsberechtigte, die die Förderung von Kindern selbst organisieren wollen, sollen beraten und unterstützt werden.

§ 26 Landesrechtsvorbehalt

$_{1}$Das Nähere über Inhalt und Umfang der in diesem Abschnitt geregelten Aufgaben und Leistungen regelt das Landesrecht. $_{2}$Am 31. Dezember 1990 geltende landesrechtliche Regelungen, die das Kindergartenwesen dem Bildungsbereich zuweisen, bleiben unberührt.

Vierter Abschnitt
Hilfe zur Erziehung, Eingliederungshilfe für seelisch behinderte Kinder und Jugendliche, Hilfe für junge Volljährige

Erster Unterabschnitt
Hilfe zur Erziehung

§ 27 Hilfe zur Erziehung

(1) Ein Personensorgeberechtigter hat bei der Erziehung eines Kindes oder eines Jugendlichen Anspruch auf Hilfe (Hilfe zur Erziehung), wenn eine dem Wohl des Kindes oder des Jugendlichen entsprechende Erziehung nicht gewährleistet ist und die Hilfe für seine Entwicklung geeignet und notwendig ist.

(2) $_{1}$Hilfe zur Erziehung wird insbesondere nach Maßgabe der §§ 28 bis 35 gewährt. $_{2}$Art und Umfang der Hilfe richten sich nach dem erzieherischen Bedarf im Einzelfall; dabei soll das engere soziale Umfeld des Kindes oder des Jugendlichen einbezogen werden. $_{3}$Die Hilfe ist in der Regel im Inland zu erbringen; sie darf nur dann im Ausland erbracht werden, wenn dies nach Maßgabe der Hilfeplanung zur Erreichung des Hilfezieles im Einzelfall erforderlich ist.

(2a) Ist eine Erziehung des Kindes oder Jugendlichen außerhalb des Elternhauses erforderlich, so entfällt der Anspruch auf Hilfe zur Erziehung nicht dadurch, dass eine andere unterhaltspflichtige Person bereit ist, diese Aufgabe zu übernehmen; die Gewährung von Hilfe zur Erziehung setzt in diesem Fall voraus, dass diese Person bereit und geeignet ist, den Hilfebedarf in Zusammenarbeit mit dem Träger der öffentlichen Jugendhilfe nach Maßgabe der §§ 36 und 37 zu decken.

(3) 1Hilfe zur Erziehung umfasst insbesondere die Gewährung pädagogischer und damit verbundener therapeutischer Leistungen. 2Sie soll bei Bedarf Ausbildungs- und Beschäftigungsmaßnahmen im Sinne des § 13 Absatz 2 einschließen.

(4) Wird ein Kind oder eine Jugendliche während ihres Aufenthalts in einer Einrichtung oder einer Pflegefamilie selbst Mutter eines Kindes, so umfasst die Hilfe zur Erziehung auch die Unterstützung bei der Pflege und Erziehung dieses Kindes.

§ 28 Erziehungsberatung

1Erziehungsberatungsstellen und andere Beratungsdienste und -einrichtungen sollen Kinder, Jugendliche, Eltern und andere Erziehungsberechtigte bei der Klärung und Bewältigung individueller und familienbezogener Probleme und der zugrunde liegenden Faktoren, bei der Lösung von Erziehungsfragen sowie bei Trennung und Scheidung unterstützen. 2Dabei sollen Fachkräfte verschiedener Fachrichtungen zusammenwirken, die mit unterschiedlichen methodischen Ansätzen vertraut sind.

§ 29 Soziale Gruppenarbeit

1Die Teilnahme an sozialer Gruppenarbeit soll älteren Kindern und Jugendlichen bei der Überwindung von Entwicklungsschwierigkeiten und Verhaltensproblemen helfen. 2Soziale Gruppenarbeit soll auf der Grundlage eines gruppenpädagogischen Konzepts die Entwicklung älterer Kinder und Jugendlicher durch soziales Lernen in der Gruppe fördern.

§ 30 Erziehungsbeistand, Betreuungshelfer

Der Erziehungsbeistand und der Betreuungshelfer sollen das Kind oder den Jugendlichen bei der Bewältigung von Entwicklungsproblemen möglichst unter Einbeziehung des sozialen Umfelds unterstützen und unter Erhaltung des Lebensbezugs zur Familie seine Verselbständigung fördern.

§ 31 Sozialpädagogische Familienhilfe

1Sozialpädagogische Familienhilfe soll durch intensive Betreuung und Begleitung Familien in ihren Erziehungsaufgaben, bei der Bewältigung von Alltagsproblemen, der Lösung von Konflikten und Krisen sowie im Kontakt mit Ämtern und Institutionen unterstützen und Hilfe zur Selbsthilfe geben. 2Sie ist in der Regel auf längere Dauer angelegt und erfordert die Mitarbeit der Familie.

§ 32 Erziehung in einer Tagesgruppe

1Hilfe zur Erziehung in einer Tagesgruppe soll die Entwicklung des Kindes oder des Jugendlichen durch soziales Lernen in der Gruppe, Begleitung der schulischen Förderung und Elternarbeit unterstützen und dadurch den Verbleib des Kindes oder des Jugendlichen in seiner Familie sichern. 2Die Hilfe kann auch in geeigneten Formen der Familienpflege geleistet werden.

§ 33 Vollzeitpflege

1Hilfe zur Erziehung in Vollzeitpflege soll entsprechend dem Alter und Entwicklungsstand des Kindes oder des Jugendlichen und seinen persönlichen Bindungen sowie den Möglichkeiten der Verbesserung der Erziehungsbedingungen in der Herkunftsfamilie Kindern und Jugendlichen in einer anderen Familie eine zeitlich befristete Erziehungshilfe oder eine auf Dauer angelegte Lebensform bieten. 2Für besonders entwicklungsbeeinträchtigte Kinder und Jugendliche sind geeignete Formen der Familienpflege zu schaffen und auszubauen.

§ 34 Heimerziehung, sonstige betreute Wohnform

1Hilfe zur Erziehung in einer Einrichtung über Tag und Nacht (Heimerziehung) oder in einer sonstigen betreuten Wohnform soll Kinder und Jugendliche durch eine Verbindung von Alltagserleben mit pädagogischen und therapeutischen Angeboten in ihrer Entwicklung fördern. 2Sie soll entsprechend dem Alter und Entwicklungsstand des Kindes oder des Jugendlichen sowie den Möglichkeiten der Verbesserung der Erziehungsbedingungen in der Herkunftsfamilie

1. eine Rückkehr in die Familie zu erreichen versuchen oder
2. die Erziehung in einer anderen Familie vorbereiten oder
3. eine auf längere Zeit angelegte Lebensform bieten und auf ein selbständiges Leben vorbereiten.

3Jugendliche sollen in Fragen der Ausbildung und Beschäftigung sowie der allgemeinen Lebensführung beraten und unterstützt werden.

§ 35 Intensive sozialpädagogische Einzelbetreuung

1Intensive sozialpädagogische Einzelbetreuung soll Jugendlichen gewährt werden, die einer intensiven Unterstützung zur sozialen Integration und zu einer eigenverantwortlichen Lebensführung bedürfen. 2Die Hilfe ist in der Regel auf längere Zeit angelegt und soll den individuellen Bedürfnissen des Jugendlichen Rechnung tragen.

Zweiter Unterabschnitt Eingliederungshilfe für seelisch behinderte Kinder und Jugendliche

§ 35a Eingliederungshilfe für seelisch behinderte Kinder und Jugendliche

(1) 1Kinder oder Jugendliche haben Anspruch auf Eingliederungshilfe, wenn

1. ihre seelische Gesundheit mit hoher Wahrscheinlichkeit länger als sechs Monate von dem für ihr Lebensalter typischen Zustand abweicht, und
2. daher ihre Teilhabe am Leben in der Gesellschaft beeinträchtigt ist oder eine solche Beeinträchtigung zu erwarten ist.

2Von einer seelischen Behinderung bedroht im Sinne dieses Buches sind Kinder oder Jugendliche, bei denen eine Beeinträchtigung ihrer Teilhabe am Leben in der Gesellschaft nach fachlicher Erkenntnis mit hoher Wahrscheinlichkeit zu erwarten ist. 3§ 27 Absatz 4 gilt entsprechend.

(1a) 1Hinsichtlich der Abweichung der seelischen Gesundheit nach Absatz 1 Satz 1 Nummer 1 hat der Träger der öffentlichen Jugendhilfe die Stellungnahme

1. eines Arztes für Kinder- und Jugendpsychiatrie und -psychotherapie,
2. eines Kinder- und Jugendpsychotherapeuten oder
3. eines Arztes oder eines psychologischen Psychotherapeuten, der über besondere Erfahrungen auf dem Gebiet seelischer Störungen bei Kindern und Jugendlichen verfügt,

einzuholen. 2Die Stellungnahme ist auf der Grundlage der Internationalen Klassifikation der Krankheiten in der vom Deutschen Institut für medizinische Dokumentation und Information herausgegebenen deutschen Fassung zu erstellen. 3Dabei ist auch darzulegen, ob die Abweichung Krankheitswert hat oder auf einer Krankheit beruht. 4Die Hilfe soll nicht von der Person oder dem Dienst oder der Einrichtung, der die Person angehört, die die Stellungnahme abgibt, erbracht werden.

(2) Die Hilfe wird nach dem Bedarf im Einzelfall

1. in ambulanter Form,
2. in Tageseinrichtungen für Kinder oder in anderen teilstationären Einrichtungen,
3. durch geeignete Pflegepersonen und
4. in Einrichtungen über Tag und Nacht sowie sonstigen Wohnformen geleistet.

(3) Aufgabe und Ziel der Hilfe, die Bestimmung des Personenkreises sowie die Art der Leistungen richten sich nach § 53 Absatz 3 und 4 Satz 1, den §§ 54, 56 und 57 des Zwölften Buches, soweit diese Bestimmungen auch auf seelisch behinderte oder von einer solchen Behinderung bedrohte Personen Anwendung finden.

(4) 1Ist gleichzeitig Hilfe zur Erziehung zu leisten, so sollen Einrichtungen, Dienste und Personen in Anspruch genommen werden, die geeignet sind, sowohl die Aufgaben der Eingliederungshilfe zu erfüllen als auch den erzieherischen Bedarf zu decken. 2Sind heilpädagogische Maßnahmen für Kinder, die noch nicht im schulpflichtigen Alter sind, in Tageseinrichtungen für Kinder zu gewähren und lässt der Hilfebedarf es zu, so sollen Einrichtungen in Anspruch genommen werden, in denen behinderte und nicht behinderte Kinder gemeinsam betreut werden.

Dritter Unterabschnitt Gemeinsame Vorschriften für die Hilfe zur Erziehung und die Eingliederungshilfe für seelisch behinderte Kinder und Jugendliche

§ 36 Mitwirkung, Hilfeplan

(1) 1Der Personensorgeberechtigte und das Kind oder der Jugendliche sind vor der Entscheidung über die Inanspruchnahme einer Hilfe und vor einer notwendigen Änderung von Art und Umfang der Hilfe zu beraten und auf die möglichen Folgen für die Entwicklung des Kindes oder des Jugendlichen hinzuweisen. 2Vor und während einer langfristig zu leistenden Hilfe außerhalb der eigenen Familie ist zu prüfen, ob die Annahme als Kind in Betracht kommt. 3Ist Hilfe außerhalb der eigenen Familie erforderlich, so sind die in Satz 1 genannten Personen bei der Auswahl der Einrichtung oder der Pflegestelle zu beteiligen. 4Der Wahl und den Wünschen ist zu entsprechen, sofern sie nicht mit unverhältnismäßigen Mehrkosten verbunden sind. 5Wünschen die in Satz 1 genannten Personen die Erbringung einer in § 78a genannten Leistung in einer Einrichtung, mit deren Träger keine Vereinbarungen nach § 78b bestehen, so soll der Wahl nur entsprochen werden, wenn die Erbringung der Leistung in dieser Einrichtung nach Maßgabe des Hilfeplans nach Absatz 2 geboten ist.

(2) 1Die Entscheidung über die im Einzelfall angezeigte Hilfeart soll, wenn Hilfe voraussichtlich für längere Zeit zu leisten ist, im Zusammenwirken mehrerer Fachkräfte getroffen werden. 2Als Grundlage für die Ausgestaltung der Hilfe sollen sie zusammen mit dem Personensorgeberechtigten und dem Kind oder dem Jugendlichen einen Hilfeplan aufstellen, der Feststellungen über den Bedarf, die zu gewährende Art der Hilfe sowie die notwendigen Leistungen enthält; sie sollen regelmäßig prüfen, ob die gewählte Hilfeart weiterhin geeignet oder notwendig ist. 3Werden bei der Durchführung der Hilfe andere Personen, Dienste oder Einrichtungen tätig, so sind sie oder deren Mitarbeiter an der Aufstellung des Hilfeplans und seiner Überprüfung zu beteiligen. 4Erscheinen Maßnahmen der beruflichen Eingliederung erforderlich, so sollen auch die für die Eingliederung zuständigen Stellen beteiligt werden.

(3) Erscheinen Hilfen nach § 35a erforderlich, so soll bei der Aufstellung und Änderung des Hilfeplans sowie bei der Durchführung der Hilfe die Person, die eine Stellungnahme nach § 35a Abs. 1a abgegeben hat, beteiligt werden.

(4) Vor einer Entscheidung über die Gewährung einer Hilfe, die ganz oder teilweise im Ausland erbracht wird, soll zur Feststellung einer seelischen Störung mit Krankheitswert die Stellungnahme einer in § 35a Absatz 1a Satz 1 genannten Person eingeholt werden.

§ 36a Steuerungsverantwortung, Selbstbeschaffung

(1) 1Der Träger der öffentlichen Jugendhilfe trägt die Kosten der Hilfe grundsätzlich nur dann, wenn sie auf der Grundlage seiner Entscheidung nach Maßgabe des Hilfeplans unter Beachtung des Wunsch- und Wahlrechts erbracht wird; dies gilt auch in den Fällen, in denen Eltern durch das Familiengericht oder Jugendliche und junge Volljährige durch den Jugendrichter zur Inanspruchnahme von Hilfen verpflichtet werden. 2Die Vorschriften über die Heranziehung zu den Kosten der Hilfe bleiben unberührt.

(2) 1Abweichend von Absatz 1 soll der Träger der öffentlichen Jugendhilfe die niedrigschwellige unmittelbare Inanspruchnahme von ambulanten Hilfen, insbesondere der Erziehungsberatung, zulassen. 2Dazu soll er mit den Leistungserbringern Vereinbarungen schließen, in denen die Voraussetzungen und die Ausgestaltung der Leistungserbringung sowie die Übernahme der Kosten geregelt werden.

(3) 1Werden Hilfen abweichend von den Absätzen 1 und 2 vom Leistungsberechtigten selbst beschafft, so ist der Träger der öffentlichen Jugendhilfe zur Übernahme der erforderlichen Aufwendungen nur verpflichtet, wenn

1. der Leistungsberechtigte den Träger der öffentlichen Jugendhilfe vor der Selbstbeschaffung über den Hilfebedarf in Kenntnis gesetzt hat,
2. die Voraussetzungen für die Gewährung der Hilfe vorlagen und

3. die Deckung des Bedarfs
   a) bis zu einer Entscheidung des Trägers der öffentlichen Jugendhilfe über die Gewährung der Leistung oder
   b) bis zu einer Entscheidung über ein Rechtsmittel nach einer zu Unrecht abgelehnten Leistung

   keinen zeitlichen Aufschub geduldet hat.

$_{2}$War es dem Leistungsberechtigten unmöglich, den Träger der öffentlichen Jugendhilfe rechtzeitig über den Hilfebedarf in Kenntnis zu setzen, so hat er dies unverzüglich nach Wegfall des Hinderungsgrundes nachzuholen.

§ 37 Zusammenarbeit bei Hilfen außerhalb der eigenen Familie

(1) $_{1}$Bei Hilfen nach §§ 32 bis 34 und § 35a Absatz 2 Nummer 3 und 4 soll darauf hingewirkt werden, dass die Pflegeperson oder die in der Einrichtung für die Erziehung verantwortlichen Personen und die Eltern zum Wohl des Kindes oder des Jugendlichen zusammenarbeiten. $_{2}$Durch Beratung und Unterstützung sollen die Erziehungsbedingungen in der Herkunftsfamilie innerhalb eines im Hinblick auf die Entwicklung des Kindes oder Jugendlichen vertretbaren Zeitraums so weit verbessert werden, dass sie das Kind oder den Jugendlichen wieder selbst erziehen kann. $_{3}$Während dieser Zeit soll durch begleitende Beratung und Unterstützung der Familien darauf hingewirkt werden, dass die Beziehung des Kindes oder Jugendlichen zur Herkunftsfamilie gefördert wird. $_{4}$Ist eine nachhaltige Verbesserung der Erziehungsbedingungen in der Herkunftsfamilie innerhalb dieses Zeitraums nicht erreichbar, so soll mit den beteiligten Personen eine andere, dem Wohl des Kindes oder des Jugendlichen förderliche und auf Dauer angelegte Lebensperspektive erarbeitet werden.

(2) $_{1}$Die Pflegeperson hat vor der Aufnahme des Kindes oder Jugendlichen und während der Dauer des Pflegeverhältnisses Anspruch auf Beratung und Unterstützung; dies gilt auch in den Fällen, in denen für das Kind oder den Jugendlichen weder Hilfe zur Erziehung noch Eingliederungshilfe gewährt wird oder die Pflegeperson nicht der Erlaubnis zur Vollzeitpflege nach § 44 bedarf. $_{2}$Lebt das Kind oder der Jugendliche bei einer Pflegeperson außerhalb des Bereichs des zuständigen Trägers der öffentlichen Jugendhilfe, so sind ortsnahe Beratung und Unterstützung sicherzustellen. $_{3}$Der zuständige Träger der öffentlichen Jugendhilfe hat die aufgewendeten Kosten einschließlich der Verwaltungskosten auch in den Fällen zu erstatten, in denen die Beratung und Unterstützung im Wege der Amtshilfe geleistet wird. $_{4}$§ 23 Absatz 4 Satz 3 gilt entsprechend.

(2a) $_{1}$Die Art und Weise der Zusammenarbeit sowie die damit im Einzelfall verbundenen Ziele sind im Hilfeplan zu dokumentieren. $_{2}$Bei Hilfen nach den §§ 33, 35a Absatz 2 Nummer 3 und § 41 zählen dazu auch der vereinbarte Umfang der Beratung der Pflegeperson sowie die Höhe der laufenden Leistungen zum Unterhalt des Kindes oder Jugendlichen. $_{3}$Eine Abweichung von den dort getroffenen Feststellungen ist nur bei einer Änderung des Hilfebedarfs und entsprechender Änderung des Hilfeplans zulässig.

(3) $_{1}$Das Jugendamt soll den Erfordernissen des Einzelfalls entsprechend an Ort und Stelle überprüfen, ob die Pflegeperson eine dem Wohl des Kindes oder des Jugendlichen förderliche Erziehung gewährleistet. $_{2}$Die Pflegeperson hat das Jugendamt über wichtige Ereignisse zu unterrichten, die das Wohl des Kindes oder des Jugendlichen betreffen.

§ 38 Vermittlung bei der Ausübung der Personensorge

Sofern der Inhaber der Personensorge durch eine Erklärung nach § 1688 Absatz 3 Satz 1 des Bürgerlichen Gesetzbuchs die Vertretungsmacht der Pflegeperson soweit einschränkt, dass dies eine dem Wohl des Kindes oder des Jugendlichen förderliche Erziehung nicht mehr ermöglicht, sowie bei sonstigen Meinungsverschiedenheiten sollen die Beteiligten das Jugendamt einschalten.

§ 39 Leistungen zum Unterhalt des Kindes oder des Jugendlichen

(1) $_{1}$Wird Hilfe nach den §§ 32 bis 35 oder nach § 35a Absatz 2 Nummer 2 bis 4 gewährt, so ist auch der notwendige Unterhalt des Kindes oder Jugendlichen außerhalb des El-

ternhauses sicherzustellen. 2Er umfasst die Kosten für den Sachaufwand sowie für die Pflege und Erziehung des Kindes oder Jugendlichen.

(2) 1Der gesamte regelmäßig wiederkehrende Bedarf soll durch laufende Leistungen gedeckt werden. 2Sie umfassen außer im Fall des § 32 und des § 35a Absatz 2 Nummer 2 auch einen angemessenen Barbetrag zur persönlichen Verfügung des Kindes oder des Jugendlichen. 3Die Höhe des Betrages wird in den Fällen der §§ 34, 35, 35a Absatz 2 Nummer 4 von der nach Landesrecht zuständigen Behörde festgesetzt; die Beträge sollen nach Altersgruppen gestaffelt sein. 4Die laufenden Leistungen im Rahmen der Hilfe in Vollzeitpflege (§ 33) oder bei einer geeigneten Pflegeperson (§ 35a Absatz 2 Nummer 3) sind nach den Absätzen 4 bis 6 zu bemessen.

(3) Einmalige Beihilfen oder Zuschüsse können insbesondere zur Erstausstattung einer Pflegestelle, bei wichtigen persönlichen Anlässen sowie für Urlaubs- und Ferienreisen des Kindes oder des Jugendlichen gewährt werden.

(4) 1Die laufenden Leistungen sollen auf der Grundlage der tatsächlichen Kosten gewährt werden, sofern sie einen angemessenen Umfang nicht übersteigen. 2Die laufenden Leistungen umfassen auch die Erstattung nachgewiesener Aufwendungen für Beiträge zu einer Unfallversicherung sowie die hälftige Erstattung nachgewiesener Aufwendungen zu einer angemessenen Alterssicherung der Pflegeperson. 3Sie sollen in einem monatlichen Pauschalbetrag gewährt werden, soweit nicht nach der Besonderheit des Einzelfalls abweichende Leistungen geboten sind. 4Ist die Pflegeperson in gerader Linie mit dem Kind oder Jugendlichen verwandt und kann sie diesem unter Berücksichtigung ihrer sonstigen Verpflichtungen und ohne Gefährdung ihres angemessenen Unterhalts Unterhalt gewähren, so kann der Teil des monatlichen Pauschalbetrags, der die Kosten für den Sachaufwand des Kindes oder Jugendlichen betrifft, angemessen gekürzt werden. 5Wird ein Kind oder ein Jugendlicher im Bereich eines anderen Jugendamts untergebracht, so soll sich die Höhe des zu gewährenden Pauschalbetrages nach den Verhältnissen richten, die am Ort der Pflegestelle gelten.

(5) 1Die Pauschalbeträge für laufende Leistungen zum Unterhalt sollen von den nach Landesrecht zuständigen Behörden festgesetzt werden. 2Dabei ist dem altersbedingt unterschiedlichen Unterhaltsbedarf von Kindern und Jugendlichen durch eine Staffelung der Beträge nach Altersgruppen Rechnung zu tragen. 3Das Nähere regelt Landesrecht.

(6) 1Wird das Kind oder der Jugendliche im Rahmen des Familienleistungsausgleichs nach § 31 des Einkommensteuergesetzes bei der Pflegeperson berücksichtigt, so ist ein Betrag in Höhe der Hälfte des Betrages, der nach § 66 des Einkommensteuergesetzes für ein erstes Kind zu zahlen ist, auf die laufenden Leistungen anzurechnen. 2Ist das Kind oder der Jugendliche nicht das älteste Kind in der Pflegefamilie, so ermäßigt sich der Anrechnungsbetrag für dieses Kind oder diesen Jugendlichen auf ein Viertel des Betrages, der für ein erstes Kind zu zahlen ist.

(7) Wird ein Kind oder eine Jugendliche während ihres Aufenthalts in einer Einrichtung oder einer Pflegefamilie selbst Mutter eines Kindes, so ist auch der notwendige Unterhalt dieses Kindes sicherzustellen.

§ 40 Krankenhilfe

1Wird Hilfe nach den §§ 33 bis 35 oder nach § 35a Absatz 2 Nummer 3 oder 4 gewährt, so ist auch Krankenhilfe zu leisten; für den Umfang der Hilfe gelten die §§ 47 bis 52 des Zwölften Buches entsprechend. 2Krankenhilfe muss den im Einzelfall notwendigen Bedarf in voller Höhe befriedigen. 3Zuzahlungen und Eigenbeteiligungen sind zu übernehmen. 4Das Jugendamt kann in geeigneten Fällen die Beiträge für eine freiwillige Krankenversicherung übernehmen, soweit sie angemessen sind.

Vierter Unterabschnitt
Hilfe für junge Volljährige

§ 41 Hilfe für junge Volljährige, Nachbetreuung

(1) 1Einem jungen Volljährigen soll Hilfe für die Persönlichkeitsentwicklung und zu einer eigenverantwortlichen Lebensführung ge-

währt werden, wenn und solange die Hilfe auf Grund der individuellen Situation des jungen Menschen notwendig ist. 2Die Hilfe wird in der Regel nur bis zur Vollendung des 21. Lebensjahres gewährt; in begründeten Einzelfällen soll sie für einen begrenzten Zeitraum darüber hinaus fortgesetzt werden.

(2) Für die Ausgestaltung der Hilfe gelten § 27 Absatz 3 und 4 sowie die §§ 28 bis 30, 33 bis 36, 39 und 40 entsprechend mit der Maßgabe, dass an die Stelle des Personensorgeberechtigten oder des Kindes oder des Jugendlichen der junge Volljährige tritt.

(3) Der junge Volljährige soll auch nach Beendigung der Hilfe bei der Verselbständigung im notwendigen Umfang beraten und unterstützt werden.

Drittes Kapitel
Andere Aufgaben der Jugendhilfe

Erster Abschnitt
Vorläufige Maßnahmen zum Schutz von Kindern und Jugendlichen

§ 42 Inobhutnahme von Kindern und Jugendlichen

(1) 1Das Jugendamt ist berechtigt und verpflichtet, ein Kind oder einen Jugendlichen in seine Obhut zu nehmen, wenn

1. das Kind oder der Jugendliche um Obhut bittet oder
2. eine dringende Gefahr für das Wohl des Kindes oder des Jugendlichen die Inobhutnahme erfordert und
   a) die Personensorgeberechtigten nicht widersprechen oder
   b) eine familiengerichtliche Entscheidung nicht rechtzeitig eingeholt werden kann oder
3. ein ausländisches Kind oder ein ausländischer Jugendlicher unbegleitet nach Deutschland kommt und sich weder Personensorge- noch Erziehungsberechtigte im Inland aufhalten.

2Die Inobhutnahme umfasst die Befugnis, ein Kind oder einen Jugendlichen bei einer geeigneten Person, in einer geeigneten Einrichtung oder in einer sonstigen Wohnform vorläufig unterzubringen; im Fall von Satz 1 Nummer 2 auch ein Kind oder einen Jugendlichen von einer anderen Person wegzunehmen.

(2) 1Das Jugendamt hat während der Inobhutnahme die Situation, die zur Inobhutnahme geführt hat, zusammen mit dem Kind oder dem Jugendlichen zu klären und Möglichkeiten der Hilfe und Unterstützung aufzuzeigen. 2Dem Kind oder dem Jugendlichen ist unverzüglich Gelegenheit zu geben, eine Person seines Vertrauens zu benachrichtigen. 3Das Jugendamt hat während der Inobhutnahme für das Wohl des Kindes oder des Jugendlichen zu sorgen und dabei den notwendigen Unterhalt und die Krankenhilfe sicherzustellen; § 39 Absatz 4 Satz 2 gilt entsprechend. 4Das Jugendamt ist während der Inobhutnahme berechtigt, alle Rechtshandlungen vorzunehmen, die zum Wohl des Kindes oder Jugendlichen notwendig sind; der mutmaßliche Wille der Personensorge- oder der Erziehungsberechtigten ist dabei angemessen zu berücksichtigen.

(3) 1Das Jugendamt hat im Fall des Absatzes 1 Satz 1 Nummer 1 und 2 die Personensorge- oder Erziehungsberechtigten unverzüglich von der Inobhutnahme zu unterrichten und mit ihnen das Gefährdungsrisiko abzuschätzen. 2Widersprechen die Personensorge- oder Erziehungsberechtigten der Inobhutnahme, so hat das Jugendamt unverzüglich

1. das Kind oder den Jugendlichen den Personensorge- oder Erziehungsberechtigten zu übergeben, sofern nach der Einschätzung des Jugendamts eine Gefährdung des Kindeswohls nicht besteht oder die Personensorge- oder Erziehungsberechtigten bereit und in der Lage sind, die Gefährdung abzuwenden oder
2. eine Entscheidung des Familiengerichts über die erforderlichen Maßnahmen zum Wohl des Kindes oder des Jugendlichen herbeizuführen.

3Sind die Personensorge- oder Erziehungsberechtigten nicht erreichbar, so gilt Satz 2 Nummer 2 entsprechend. 4Im Fall des Absatzes 1 Satz 1 Nummer 3 ist unverzüglich die Bestellung eines Vormunds oder Pflegers zu veranlassen. 5Widersprechen die Personen-

3

sorgeberechtigten der Inobhutnahme nicht, so ist unverzüglich ein Hilfeplanverfahren zur Gewährung einer Hilfe einzuleiten.

(4) Die Inobhutnahme endet mit

1. der Übergabe des Kindes oder Jugendlichen an die Personensorge- oder Erziehungsberechtigten,
2. der Entscheidung über die Gewährung von Hilfen nach dem Sozialgesetzbuch.

(5) 1Freiheitsentziehende Maßnahmen im Rahmen der Inobhutnahme sind nur zulässig, wenn und soweit sie erforderlich sind, um eine Gefahr für Leib oder Leben des Kindes oder des Jugendlichen oder eine Gefahr für Leib oder Leben Dritter abzuwenden. 2Die Freiheitsentziehung ist ohne gerichtliche Entscheidung spätestens mit Ablauf des Tages nach ihrem Beginn zu beenden.

(6) Ist bei der Inobhutnahme die Anwendung unmittelbaren Zwangs erforderlich, so sind die dazu befugten Stellen hinzuzuziehen.

§ 42a Vorläufige Inobhutnahme von ausländischen Kindern und Jugendlichen nach unbegleiteter Einreise

(1) 1Das Jugendamt ist berechtigt und verpflichtet, ein ausländisches Kind oder einen ausländischen Jugendlichen vorläufig in Obhut zu nehmen, sobald dessen unbegleitete Einreise nach Deutschland festgestellt wird. 2§ 42 Absatz 1 Satz 2, Absatz 2 Satz 2 und 3, Absatz 5 sowie 6 gilt entsprechend.

(2) 1Das Jugendamt hat während der vorläufigen Inobhutnahme zusammen mit dem Kind oder dem Jugendlichen einzuschätzen,

1. ob das Wohl des Kindes oder des Jugendlichen durch die Durchführung des Verteilungsverfahrens gefährdet würde,
2. ob sich eine mit dem Kind oder dem Jugendlichen verwandte Person im Inland oder im Ausland aufhält,
3. ob das Wohl des Kindes oder des Jugendlichen eine gemeinsame Inobhutnahme mit Geschwistern oder anderen unbegleiteten ausländischen Kindern oder Jugendlichen erfordert und
4. ob der Gesundheitszustand des Kindes oder des Jugendlichen die Durchführung des Verteilungsverfahrens innerhalb von 14 Werktagen nach Beginn der vorläufigen Inobhutnahme ausschließt; hierzu soll eine ärztliche Stellungnahme eingeholt werden.

2Auf der Grundlage des Ergebnisses der Einschätzung nach Satz 1 entscheidet das Jugendamt über die Anmeldung des Kindes oder des Jugendlichen zur Verteilung oder den Ausschluss der Verteilung.

(3) 1Das Jugendamt ist während der vorläufigen Inobhutnahme berechtigt und verpflichtet, alle Rechtshandlungen vorzunehmen, die zum Wohl des Kindes oder des Jugendlichen notwendig sind. 2Dabei ist das Kind oder der Jugendliche zu beteiligen und der mutmaßliche Wille der Personen- oder der Erziehungsberechtigten angemessen zu berücksichtigen.

(4) 1Das Jugendamt hat der nach Landesrecht für die Verteilung von unbegleiteten ausländischen Kindern und Jugendlichen zuständigen Stelle die vorläufige Inobhutnahme des Kindes oder des Jugendlichen innerhalb von sieben Werktagen nach Beginn der Maßnahme zur Erfüllung der in § 42b genannten Aufgaben mitzuteilen. 2Zu diesem Zweck sind auch die Ergebnisse der Einschätzung nach Absatz 2 Satz 1 mitzuteilen. 3Die nach Landesrecht zuständige Stelle hat gegenüber dem Bundesverwaltungsamt innerhalb von drei Werktagen das Kind oder den Jugendlichen zur Verteilung anzumelden oder den Ausschluss der Verteilung anzuzeigen.

(5) 1Soll das Kind oder der Jugendliche im Rahmen eines Verteilungsverfahrens untergebracht werden, so umfasst die vorläufige Inobhutnahme auch die Pflicht,

1. die Begleitung des Kindes oder des Jugendlichen und dessen Übergabe durch eine insofern geeignete Person an das für die Inobhutnahme nach § 42 Absatz 1 Satz 1 Nummer 3 zuständige Jugendamt sicherzustellen sowie
2. dem für die Inobhutnahme nach § 42 Absatz 1 Satz 1 Nummer 3 zuständigen Jugendamt unverzüglich die personenbezogenen Daten zu übermitteln, die zur Wahrnehmung der Aufgaben nach § 42 erforderlich sind.

$_2$Hält sich eine mit dem Kind oder dem Jugendlichen verwandte Person im Inland oder im Ausland auf, hat das Jugendamt auf eine Zusammenführung des Kindes oder des Jugendlichen mit dieser Person hinzuwirken, wenn dies dem Kindeswohl entspricht. $_3$Das Kind oder der Jugendliche ist an der Übergabe und an der Entscheidung über die Familienzusammenführung angemessen zu beteiligen.

(6) Die vorläufige Inobhutnahme endet mit der Übergabe des Kindes oder des Jugendlichen an die Personensorge- oder Erziehungsberechtigten oder an das aufgrund der Zuweisungsentscheidung der zuständigen Landesbehörde nach § 88a Absatz 2 Satz 1 zuständige Jugendamt oder mit der Anzeige nach Absatz 4 Satz 3 über den Ausschluss des Verteilungsverfahrens nach § 42b Absatz 4.

§ 42b Verfahren zur Verteilung unbegleiteter ausländischer Kinder und Jugendlicher

(1) $_1$Das Bundesverwaltungsamt benennt innerhalb von zwei Werktagen nach Anmeldung eines unbegleiteten ausländischen Kindes oder Jugendlichen zur Verteilung durch die zuständige Landesstelle das zu dessen Aufnahme verpflichtete Land. $_2$Maßgebend dafür ist die Aufnahmequote nach § 42c.

(2) $_1$Im Rahmen der Aufnahmequote nach § 42c soll vorrangig dasjenige Land benannt werden, in dessen Bereich das Jugendamt liegt, das das Kind oder den Jugendlichen nach § 42a vorläufig in Obhut genommen hat. $_2$Hat dieses Land die Aufnahmequote nach § 42c bereits erfüllt, soll das nächstgelegene Land benannt werden.

(3) $_1$Die nach Landesrecht für die Verteilung von unbegleiteten ausländischen Kindern oder Jugendlichen zuständige Stelle des nach Absatz 1 benannten Landes weist das Kind oder den Jugendlichen innerhalb von zwei Werktagen einem in seinem Bereich gelegenen Jugendamt zur Inobhutnahme nach § 42 Absatz 1 Satz 1 Nummer 3 zu und teilt dies demjenigen Jugendamt mit, welches das Kind oder den Jugendlichen nach § 42a vorläufig in Obhut genommen hat. $_2$Maßgeblich für die Zuweisung sind die spezifischen Schutzbedürfnisse und Bedarfe unbegleiteter ausländischer Minderjähriger. $_3$Für die Verteilung von unbegleiteten ausländischen Kindern oder Jugendlichen ist das Landesjugendamt zuständig, es sei denn, dass Landesrecht etwas anderes regelt.

(4) Die Durchführung eines Verteilungsverfahrens ist bei einem unbegleiteten ausländischen Kind oder Jugendlichen ausgeschlossen, wenn

1. dadurch dessen Wohl gefährdet würde,
2. dessen Gesundheitszustand die Durchführung eines Verteilungsverfahrens innerhalb von 14 Werktagen nach Beginn der vorläufigen Inobhutnahme gemäß § 42a nicht zulässt,
3. dessen Zusammenführung mit einer verwandten Person kurzfristig erfolgen kann, zum Beispiel aufgrund der Verordnung (EU) Nr. 604/2013 des Europäischen Parlaments und des Rates vom 26. Juni 2013 zur Festlegung der Kriterien und Verfahren zur Bestimmung des Mitgliedstaats, der für die Prüfung eines von einem Drittstaatsangehörigen oder Staatenlosen in einem Mitgliedstaat gestellten Antrags auf internationalen Schutz zuständig ist (ABl. L 180 vom 29. 6. 2013, S. 31), und dies dem Wohl des Kindes entspricht oder
4. die Durchführung des Verteilungsverfahrens nicht innerhalb von einem Monat nach Beginn der vorläufigen Inobhutnahme erfolgt.

(5) $_1$Geschwister dürfen nicht getrennt werden, es sei denn, dass das Kindeswohl eine Trennung erfordert. $_2$Im Übrigen sollen unbegleitete ausländische Kinder oder Jugendliche im Rahmen der Aufnahmequote nach § 42c nach Durchführung des Verteilungsverfahrens gemeinsam nach § 42 in Obhut genommen werden, wenn das Kindeswohl dies erfordert.

(6) $_1$Der örtliche Träger stellt durch werktägliche Mitteilungen sicher, dass die nach Landesrecht für die Verteilung von unbegleiteten ausländischen Kindern und Jugendlichen zuständige Stelle jederzeit über die für die Zuweisung nach Absatz 3 erforderlichen Angaben unterrichtet wird. $_2$Die nach Landesrecht für die Verteilung von unbegleiteten ausländischen Kindern oder Jugendlichen zuständi-

3

ge Stelle stellt durch werktägliche Mitteilungen sicher, dass das Bundesverwaltungsamt jederzeit über die Angaben unterrichtet wird, die für die Benennung des zur Aufnahme verpflichteten Landes nach Absatz 1 erforderlich sind.

(7) 1Gegen Entscheidungen nach dieser Vorschrift findet kein Widerspruch statt. 2Die Klage gegen Entscheidungen nach dieser Vorschrift hat keine aufschiebende Wirkung.

3

(8) Das Nähere regelt das Landesrecht.

§ 42c Aufnahmequote

(1) 1Die Länder können durch Vereinbarung einen Schlüssel als Grundlage für die Benennung des zur Aufnahme verpflichteten Landes nach § 42b Absatz 1 festlegen. 2Bis zum Zustandekommen dieser Vereinbarung oder bei deren Wegfall richtet sich die Aufnahmequote für das jeweilige Kalenderjahr nach dem von dem Büro der Gemeinsamen Wissenschaftskonferenz im Bundesanzeiger veröffentlichten Schlüssel, der für das vorangegangene Kalenderjahr entsprechend den Steuereinnahmen und der Bevölkerungszahl der Länder errechnet worden ist (Königsteiner Schlüssel), und nach dem Ausgleich für den Bestand der Anzahl unbegleiteter ausländischer Minderjähriger, denen am 1. November 2015 in den einzelnen Ländern Jugendhilfe gewährt wird. 3Ein Land kann seiner Aufnahmepflicht eine höhere Quote als die Aufnahmequote nach Satz 1 oder 2 zugrunde legen; dies ist gegenüber dem Bundesverwaltungsamt anzuzeigen.

(2) 1Ist die Durchführung des Verteilungsverfahrens ausgeschlossen, wird die Anzahl der im Land verbleibenden unbegleiteten ausländischen Kinder und Jugendlichen auf die Aufnahmequote nach Absatz 1 angerechnet. 2Gleiches gilt, wenn der örtliche Träger eines anderen Landes die Zuständigkeit für die Inobhutnahme eines unbegleiteten ausländischen Kindes oder Jugendlichen von dem nach § 88a Absatz 2 zuständigen örtlichen Träger übernimmt.

(3) Bis zum 1. Mai 2017 wird die Aufnahmepflicht durch einen Abgleich der aktuellen Anzahl unbegleiteter ausländischer Minderjähriger in den Ländern mit der Aufnahmequote nach Absatz 1 werktäglich ermittelt.

§ 42d Übergangsregelung

(1) Kann ein Land die Anzahl von unbegleiteten ausländischen Kindern oder Jugendlichen, die seiner Aufnahmequote nach § 42c entspricht, nicht aufnehmen, so kann es dies gegenüber dem Bundesverwaltungsamt anzeigen.

(2) In diesem Fall reduziert sich für das Land die Aufnahmequote

1. bis zum 1. Dezember 2015 um zwei Drittel sowie
2. bis zum 1. Januar 2016 um ein Drittel.

(3) 1Bis zum 31. Dezember 2016 kann die Ausschlussfrist nach § 42b Absatz 4 Nummer 4 um einen Monat verlängert werden, wenn die zuständige Landesstelle gegenüber dem Bundesverwaltungsamt anzeigt, dass die Durchführung des Verteilungsverfahrens in Bezug auf einen unbegleiteten ausländischen Minderjährigen nicht innerhalb dieser Frist erfolgen kann. 2In diesem Fall hat das Jugendamt nach Ablauf eines Monats nach Beginn der vorläufigen Inobhutnahme die Bestellung eines Vormunds oder Pflegers zu veranlassen.

(4) 1Ab dem 1. August 2016 ist die Geltendmachung des Anspruchs des örtlichen Trägers gegenüber dem nach § 89d Absatz 3 erstattungspflichtigen Land auf Erstattung der Kosten, die vor dem 1. November 2015 entstanden sind, ausgeschlossen. 2Der Erstattungsanspruch des örtlichen Trägers gegenüber dem nach § 89d Absatz 3 erstattungspflichtigen Land verjährt in einem Jahr; im Übrigen gilt § 113 des Zehnten Buches entsprechend.

(5) 1Die Geltendmachung des Anspruchs des örtlichen Trägers gegenüber dem nach § 89d Absatz 3 erstattungspflichtigen Land auf Erstattung der Kosten, die nach dem 1. November 2015 entstanden sind, ist ausgeschlossen. 2Die Erstattung dieser Kosten richtet sich nach § 89d Absatz 1.

§ 42e Berichtspflicht

Die Bundesregierung hat dem Deutschen Bundestag jährlich einen Bericht über die Situation unbegleiteter ausländischer Minderjähriger in Deutschland vorzulegen.

§ 42f Behördliches Verfahren zur Altersfeststellung

(1) $_{1}$Das Jugendamt hat im Rahmen der vorläufigen Inobhutnahme der ausländischen Person gemäß § 42a deren Minderjährigkeit durch Einsichtnahme in deren Ausweispapiere festzustellen oder hilfsweise mittels einer qualifizierten Inaugenscheinnahme einzuschätzen und festzustellen. $_{2}$§ 8 Absatz 1 und § 42 Absatz 2 Satz 2 sind entsprechend anzuwenden.

(2) $_{1}$Auf Antrag des Betroffenen oder seines Vertreters oder von Amts wegen hat das Jugendamt in Zweifelsfällen eine ärztliche Untersuchung zur Altersbestimmung zu veranlassen. $_{2}$Ist eine ärztliche Untersuchung durchzuführen, ist die betroffene Person durch das Jugendamt umfassend über die Untersuchungsmethode und über die möglichen Folgen der Altersbestimmung aufzuklären. $_{3}$Ist die ärztliche Untersuchung von Amts wegen durchzuführen, ist die betroffene Person zusätzlich über die Folgen einer Weigerung, sich der ärztlichen Untersuchung zu unterziehen, aufzuklären; die Untersuchung darf nur mit Einwilligung der betroffenen Person und ihres Vertreters durchgeführt werden. $_{4}$Die §§ 60, 62 und 65 bis 67 des Ersten Buches sind entsprechend anzuwenden.

(3) $_{1}$Widerspruch und Klage gegen die Entscheidung des Jugendamts, aufgrund der Altersfeststellung nach dieser Vorschrift die vorläufige Inobhutnahme nach § 42a oder die Inobhutnahme nach § 42 Absatz 1 Satz 1 Nummer 3 abzulehnen oder zu beenden, haben keine aufschiebende Wirkung. $_{2}$Landesrecht kann bestimmen, dass gegen diese Entscheidung Klage ohne Nachprüfung in einem Vorverfahren nach § 68 der Verwaltungsgerichtsordnung erhoben werden kann.

Zweiter Abschnitt
Schutz von Kindern und Jugendlichen in Familienpflege und in Einrichtungen

§ 43 Erlaubnis zur Kindertagespflege

(1) Eine Person, die ein Kind oder mehrere Kinder außerhalb des Haushalts des Erziehungsberechtigten während eines Teils des Tages und mehr als 15 Stunden wöchentlich gegen Entgelt länger als drei Monate betreuen will, bedarf der Erlaubnis.

(2) $_{1}$Die Erlaubnis ist zu erteilen, wenn die Person für die Kindertagespflege geeignet ist. $_{2}$Geeignet im Sinne des Satzes 1 sind Personen, die

1. sich durch ihre Persönlichkeit, Sachkompetenz und Kooperationsbereitschaft mit Erziehungsberechtigten und anderen Tagespflegepersonen auszeichnen und
2. über kindgerechte Räumlichkeiten verfügen.

$_{3}$Sie sollen über vertiefte Kenntnisse hinsichtlich der Anforderungen der Kindertagespflege verfügen, die sie in qualifizierten Lehrgängen erworben oder in anderer Weise nachgewiesen haben. $_{4}$§ 72a Absatz 1 und 5 gilt entsprechend.

(3) $_{1}$Die Erlaubnis befugt zur Betreuung von bis zu fünf gleichzeitig anwesenden, fremden Kindern. $_{2}$Im Einzelfall kann die Erlaubnis für eine geringere Zahl von Kindern erteilt werden. $_{3}$Landesrecht kann bestimmen, dass die Erlaubnis zur Betreuung von mehr als fünf gleichzeitig anwesenden, fremden Kindern erteilt werden kann, wenn die Person über eine pädagogische Ausbildung verfügt; in der Pflegestelle dürfen nicht mehr Kinder betreut werden als in einer vergleichbaren Gruppe einer Tageseinrichtung. $_{4}$Die Erlaubnis ist auf fünf Jahre befristet. $_{5}$Sie kann mit einer Nebenbestimmung versehen werden. $_{6}$Die Tagespflegeperson hat den Träger der öffentlichen Jugendhilfe über wichtige Ereignisse zu unterrichten, die für die Betreuung des oder der Kinder bedeutsam sind.

(4) Erziehungsberechtigte und Tagespflegepersonen haben Anspruch auf Beratung in allen Fragen der Kindertagespflege.

(5) Das Nähere regelt das Landesrecht.

§ 44 Erlaubnis zur Vollzeitpflege

(1) $_{1}$Wer ein Kind oder einen Jugendlichen über Tag und Nacht in seinem Haushalt aufnehmen will (Pflegeperson), bedarf der Erlaubnis. $_{2}$Einer Erlaubnis bedarf nicht, wer ein Kind oder einen Jugendlichen

1. im Rahmen von Hilfe zur Erziehung oder von Eingliederungshilfe für seelisch behin-

derte Kinder und Jugendliche auf Grund einer Vermittlung durch das Jugendamt,
2. als Vormund oder Pfleger im Rahmen seines Wirkungskreises,
3. als Verwandter oder Verschwägerter bis zum dritten Grad,
4. bis zur Dauer von acht Wochen,
5. im Rahmen eines Schüler- oder Jugendaustausches,
6. in Adoptionspflege (§ 1744 des Bürgerlichen Gesetzbuchs)

über Tag und Nacht aufnimmt.

(2) 1Die Erlaubnis ist zu versagen, wenn das Wohl des Kindes oder des Jugendlichen in der Pflegestelle nicht gewährleistet ist. 2§ 72a Absatz 1 und 5 gilt entsprechend.

(3) 1Das Jugendamt soll den Erfordernissen des Einzelfalls entsprechend an Ort und Stelle überprüfen, ob die Voraussetzungen für die Erteilung der Erlaubnis weiter bestehen. 2Ist das Wohl des Kindes oder des Jugendlichen in der Pflegestelle gefährdet und ist die Pflegeperson nicht bereit oder in der Lage, die Gefährdung abzuwenden, so ist die Erlaubnis zurückzunehmen oder zu widerrufen.

(4) Wer ein Kind oder einen Jugendlichen in erlaubnispflichtige Familienpflege aufgenommen hat, hat das Jugendamt über wichtige Ereignisse zu unterrichten, die das Wohl des Kindes oder des Jugendlichen betreffen.

§ 45 Erlaubnis für den Betrieb einer Einrichtung

(1) 1Der Träger einer Einrichtung, in der Kinder oder Jugendliche ganztägig oder für einen Teil des Tages betreut werden oder Unterkunft erhalten, bedarf für den Betrieb der Einrichtung der Erlaubnis. 2Einer Erlaubnis bedarf nicht, wer

1. eine Jugendfreizeiteinrichtung, eine Jugendbildungseinrichtung, eine Jugendherberge oder ein Schullandheim betreibt,
2. ein Schülerheim betreibt, das landesgesetzlich der Schulaufsicht untersteht,
3. eine Einrichtung betreibt, die außerhalb der Jugendhilfe liegende Aufgaben für Kinder oder Jugendliche wahrnimmt, wenn für sie eine entsprechende gesetzliche Aufsicht besteht oder im Rahmen des Hotel- und Gaststättengewerbes der Aufnahme von Kindern oder Jugendlichen dient.

(2) 1Die Erlaubnis ist zu erteilen, wenn das Wohl der Kinder und Jugendlichen in der Einrichtung gewährleistet ist. 2Dies ist in der Regel anzunehmen, wenn

1. die dem Zweck und der Konzeption der Einrichtung entsprechenden räumlichen, fachlichen, wirtschaftlichen und personellen Voraussetzungen für den Betrieb erfüllt sind,
2. die gesellschaftliche und sprachliche Integration und ein gesundheitsförderliches Lebensumfeld in der Einrichtung unterstützt werden sowie die gesundheitliche Vorsorge und die medizinische Betreuung der Kinder und Jugendlichen nicht erschwert werden sowie
3. zur Sicherung der Rechte von Kindern und Jugendlichen in der Einrichtung geeignete Verfahren der Beteiligung sowie der Möglichkeit der Beschwerde in persönlichen Angelegenheiten Anwendung finden.

(3) Zur Prüfung der Voraussetzungen hat der Träger der Einrichtung mit dem Antrag

1. die Konzeption der Einrichtung vorzulegen, die auch Auskunft über Maßnahmen zur Qualitätsentwicklung und -sicherung gibt, sowie
2. im Hinblick auf die Eignung des Personals nachzuweisen, dass die Vorlage und Prüfung von aufgabenspezifischen Ausbildungsnachweisen sowie von Führungszeugnissen nach § 30 Absatz 5 und § 30a Absatz 1 des Bundeszentralregistergesetzes sichergestellt sind; Führungszeugnisse sind von dem Träger der Einrichtung in regelmäßigen Abständen erneut anzufordern und zu prüfen.

(4) 1Die Erlaubnis kann mit Nebenbestimmungen versehen werden. 2Zur Sicherung des Wohls der Kinder und der Jugendlichen können auch nachträgliche Auflagen erteilt werden.

(5) 1Besteht für eine erlaubnispflichtige Einrichtung eine Aufsicht nach anderen Rechtsvorschriften, so hat die zuständige Behörde ihr Tätigwerden zuvor mit der anderen Behörde abzustimmen. 2Sie hat den Träger der

Einrichtung rechtzeitig auf weitergehende Anforderungen nach anderen Rechtsvorschriften hinzuweisen.

(6) 1Sind in einer Einrichtung Mängel festgestellt worden, so soll die zuständige Behörde zunächst den Träger der Einrichtung über die Möglichkeiten zur Beseitigung der Mängel beraten. 2Wenn sich die Beseitigung der Mängel auf Entgelte oder Vergütungen nach § 75 des Zwölften Buches auswirken kann, so ist der Träger der Sozialhilfe an der Beratung zu beteiligen, mit dem Vereinbarungen nach dieser Vorschrift bestehen. 3Werden festgestellte Mängel nicht behoben, so können dem Träger der Einrichtung Auflagen erteilt werden, die zur Beseitigung einer eingetretenen oder Abwendung einer drohenden Beeinträchtigung oder Gefährdung des Wohls der Kinder oder Jugendlichen erforderlich sind. 4Wenn sich eine Auflage auf Entgelte oder Vergütungen nach § 75 des Zwölften Buches auswirkt, so entscheidet die zuständige Behörde nach Anhörung des Trägers der Sozialhilfe, mit dem Vereinbarungen nach dieser Vorschrift bestehen, über die Erteilung der Auflage. 5Die Auflage ist nach Möglichkeit in Übereinstimmung mit Vereinbarungen nach den §§ 75 bis 80 des Zwölften Buches auszugestalten.

(7) 1Die Erlaubnis ist zurückzunehmen oder zu widerrufen, wenn das Wohl der Kinder oder der Jugendlichen in der Einrichtung gefährdet und der Träger der Einrichtung nicht bereit oder nicht in der Lage ist, die Gefährdung abzuwenden. 2Widerspruch und Anfechtungsklage gegen die Rücknahme oder den Widerruf der Erlaubnis haben keine aufschiebende Wirkung.

§ 46 Örtliche Prüfung

(1) 1Die zuständige Behörde soll nach den Erfordernissen des Einzelfalls an Ort und Stelle überprüfen, ob die Voraussetzungen für die Erteilung der Erlaubnis weiter bestehen. 2Der Träger der Einrichtung soll bei der örtlichen Prüfung mitwirken. 3Sie soll das Jugendamt und einen zentralen Träger der freien Jugendhilfe, wenn diesem der Träger der Einrichtung angehört, an der Überprüfung beteiligen.

(2) 1Die von der zuständigen Behörde mit der Überprüfung der Einrichtung beauftragten Personen sind berechtigt, die für die Einrichtung benutzten Grundstücke und Räume, soweit diese nicht einem Hausrecht der Bewohner unterliegen, während der Tageszeit zu betreten, dort Prüfungen und Besichtigungen vorzunehmen, sich mit den Kindern und Jugendlichen in Verbindung zu setzen und die Beschäftigten zu befragen. 2Zur Abwehr von Gefahren für das Wohl der Kinder und der Jugendlichen können die Grundstücke und Räume auch außerhalb der in Satz 1 genannten Zeit und auch, wenn sie zugleich einem Hausrecht der Bewohner unterliegen, betreten werden. 3Der Träger der Einrichtung hat die Maßnahmen nach den Sätzen 1 und 2 zu dulden.

§ 47 Meldepflichten

1Der Träger einer erlaubnispflichtigen Einrichtung hat der zuständigen Behörde unverzüglich

1. die Betriebsaufnahme unter Angabe von Name und Anschrift des Trägers, Art und Standort der Einrichtung, der Zahl der verfügbaren Plätze sowie der Namen und der beruflichen Ausbildung des Leiters und der Betreuungskräfte,
2. Ereignisse oder Entwicklungen, die geeignet sind, das Wohl der Kinder und Jugendlichen zu beeinträchtigen, sowie
3. die bevorstehende Schließung der Einrichtung

anzuzeigen. 2Änderungen der in Nummer 1 bezeichneten Angaben sowie der Konzeption sind der zuständigen Behörde unverzüglich, die Zahl der belegten Plätze ist jährlich einmal zu melden.

§ 48 Tätigkeitsuntersagung

Die zuständige Behörde kann dem Träger einer erlaubnispflichtigen Einrichtung die weitere Beschäftigung des Leiters, eines Beschäftigten oder sonstigen Mitarbeiters ganz oder für bestimmte Funktionen oder Tätigkeiten untersagen, wenn Tatsachen die Annahme rechtfertigen, dass er die für seine Tätigkeit erforderliche Eignung nicht besitzt.

§ 48a Sonstige betreute Wohnform

(1) Für den Betrieb einer sonstigen Wohnform, in der Kinder oder Jugendliche betreut werden oder Unterkunft erhalten, gelten die §§ 45 bis 48 entsprechend.

(2) Ist die sonstige Wohnform organisatorisch mit einer Einrichtung verbunden, so gilt sie als Teil der Einrichtung.

§ 49 Landesrechtsvorbehalt

Das Nähere über die in diesem Abschnitt geregelten Aufgaben regelt das Landesrecht.

Dritter Abschnitt
Mitwirkung in gerichtlichen Verfahren

§ 50 Mitwirkung in Verfahren vor den Familiengerichten

(1) 1Das Jugendamt unterstützt das Familiengericht bei allen Maßnahmen, die die Sorge für die Person von Kindern und Jugendlichen betreffen. 2Es hat in folgenden Verfahren nach dem Gesetz über das Verfahren in Familiensachen und in den Angelegenheiten der freiwilligen Gerichtsbarkeit mitzuwirken:

1. Kindschaftssachen (§ 162 des Gesetzes über das Verfahren in Familiensachen und in den Angelegenheiten der freiwilligen Gerichtsbarkeit),
2. Abstammungssachen (§ 176 des Gesetzes über das Verfahren in Familiensachen und in den Angelegenheiten der freiwilligen Gerichtsbarkeit),
3. Adoptionssachen (§ 188 Absatz 2, §§ 189, 194, 195 des Gesetzes über das Verfahren in Familiensachen und in den Angelegenheiten der freiwilligen Gerichtsbarkeit),
4. Ehewohnungssachen (§ 204 Absatz 2, § 205 des Gesetzes über das Verfahren in Familiensachen und in den Angelegenheiten der freiwilligen Gerichtsbarkeit) und
5. Gewaltschutzsachen (§§ 212, 213 des Gesetzes über das Verfahren in Familiensachen und in den Angelegenheiten der freiwilligen Gerichtsbarkeit).

(2) 1Das Jugendamt unterrichtet insbesondere über angebotene und erbrachte Leistungen, bringt erzieherische und soziale Gesichtspunkte zur Entwicklung des Kindes oder des Jugendlichen ein und weist auf weitere Möglichkeiten der Hilfe hin. 2In Kindschaftssachen informiert das Jugendamt das Familiengericht in dem Termin nach § 155 Absatz 2 des Gesetzes über das Verfahren in Familiensachen und in den Angelegenheiten der freiwilligen Gerichtsbarkeit über den Stand des Beratungsprozesses.

(3) 1Das Jugendamt, das in Verfahren zur Übertragung der gemeinsamen Sorge nach § 155a Absatz 4 Satz 1 und § 162 des Gesetzes über das Verfahren in Familiensachen und in den Angelegenheiten der freiwilligen Gerichtsbarkeit angehört wird oder sich am Verfahren beteiligt, teilt gerichtliche Entscheidungen, aufgrund derer die Sorge gemäß § 1626a Absatz 2 Satz 1 des Bürgerlichen Gesetzbuchs den Eltern ganz oder zum Teil gemeinsam übertragen wird, dem nach § 87c Absatz 6 Satz 2 zuständigen Jugendamt zu den in § 58a genannten Zwecken unverzüglich mit. 2Mitzuteilen sind auch das Geburtsdatum und der Geburtsort des Kindes oder des Jugendlichen sowie der Name, den das Kind oder der Jugendliche zur Zeit der Beurkundung seiner Geburt geführt hat.

§ 51 Beratung und Belehrung in Verfahren zur Annahme als Kind

(1) 1Das Jugendamt hat im Verfahren zur Ersetzung der Einwilligung eines Elternteils in die Annahme nach § 1748 Absatz 2 Satz 1 des Bürgerlichen Gesetzbuchs den Elternteil über die Möglichkeit der Ersetzung der Einwilligung zu belehren. 2Es hat ihn darauf hinzuweisen, dass das Familiengericht die Einwilligung erst nach Ablauf von drei Monaten nach der Belehrung ersetzen darf. 3Der Belehrung bedarf es nicht, wenn der Elternteil seinen Aufenthaltsort ohne Hinterlassung seiner neuen Anschrift gewechselt hat und der Aufenthaltsort vom Jugendamt während eines Zeitraums von drei Monaten trotz angemessener Nachforschungen nicht ermittelt werden konnte; in diesem Fall beginnt die Frist mit der ersten auf die Belehrung oder auf die Ermittlung des Aufenthaltsorts gerichteten Handlung des Jugendamts. 4Die Fristen laufen frühestens fünf Monate nach der Geburt des Kindes ab.

(2) 1Das Jugendamt soll den Elternteil mit der Belehrung nach Absatz 1 über Hilfen beraten,

die die Erziehung des Kindes in der eigenen Familie ermöglichen könnten. 2Einer Beratung bedarf es insbesondere nicht, wenn das Kind seit längerer Zeit bei den Annehmenden in Familienpflege lebt und bei seiner Herausgabe an den Elternteil eine schwere und nachhaltige Schädigung des körperlichen und seelischen Wohlbefindens des Kindes zu erwarten ist. 3Das Jugendamt hat dem Familiengericht im Verfahren mitzuteilen, welche Leistungen erbracht oder angeboten worden sind oder aus welchem Grund davon abgesehen wurde.

(3) Steht nicht miteinander verheirateten Eltern die elterliche Sorge nicht gemeinsam zu, so hat das Jugendamt den Vater bei der Wahrnehmung seiner Rechte nach § 1747 Absatz 1 und 3 des Bürgerlichen Gesetzbuchs zu beraten.

§ 52 Mitwirkung in Verfahren nach dem Jugendgerichtsgesetz

(1) Das Jugendamt hat nach Maßgabe der §§ 38 und 50 Absatz 3 Satz 2 des Jugendgerichtsgesetzes im Verfahren nach dem Jugendgerichtsgesetz mitzuwirken.

(2) 1Das Jugendamt hat frühzeitig zu prüfen, ob für den Jugendlichen oder den jungen Volljährigen Leistungen der Jugendhilfe in Betracht kommen. 2Ist dies der Fall oder ist eine geeignete Leistung bereits eingeleitet oder gewährt worden, so hat das Jugendamt den Staatsanwalt oder den Richter umgehend davon zu unterrichten, damit geprüft werden kann, ob diese Leistung ein Absehen von der Verfolgung (§ 45 JGG) oder eine Einstellung des Verfahrens (§ 47 JGG) ermöglicht.

(3) Der Mitarbeiter des Jugendamts oder des anerkannten Trägers der freien Jugendhilfe, der nach § 38 Absatz 2 Satz 2 des Jugendgerichtsgesetzes tätig wird, soll den Jugendlichen oder den jungen Volljährigen während des gesamten Verfahrens betreuen.

Vierter Abschnitt
Beistandschaft, Pflegschaft und Vormundschaft für Kinder und Jugendliche, Auskunft über Nichtabgabe von Sorgeerklärungen

§ 52a Beratung und Unterstützung bei Vaterschaftsfeststellung und Geltendmachung von Unterhaltsansprüchen

(1) 1Das Jugendamt hat unverzüglich nach der Geburt eines Kindes, dessen Eltern nicht miteinander verheiratet sind, der Mutter Beratung und Unterstützung insbesondere bei der Vaterschaftsfeststellung und der Geltendmachung von Unterhaltsansprüchen des Kindes anzubieten. 2Hierbei hat es hinzuweisen auf

1. die Bedeutung der Vaterschaftsfeststellung,
2. die Möglichkeiten, wie die Vaterschaft festgestellt werden kann, insbesondere bei welchen Stellen die Vaterschaft anerkannt werden kann,
3. die Möglichkeit, die Verpflichtung zur Erfüllung von Unterhaltsansprüchen nach § 59 Absatz 1 Satz 1 Nummer 3 beurkunden zu lassen,
4. die Möglichkeit, eine Beistandschaft zu beantragen, sowie auf die Rechtsfolgen einer solchen Beistandschaft,
5. die Möglichkeit der gemeinsamen elterlichen Sorge.

3Das Jugendamt hat der Mutter ein persönliches Gespräch anzubieten. 4Das Gespräch soll in der Regel in der persönlichen Umgebung der Mutter stattfinden, wenn diese es wünscht.

(2) Das Angebot nach Absatz 1 kann vor der Geburt des Kindes erfolgen, wenn anzunehmen ist, dass seine Eltern bei der Geburt nicht miteinander verheiratet sein werden.

(3) 1Wurde eine nach § 1592 Nummer 1 oder 2 des Bürgerlichen Gesetzbuchs bestehende Vaterschaft zu einem Kind oder Jugendlichen durch eine gerichtliche Entscheidung beseitigt, so hat das Gericht dem Jugendamt Mitteilung zu machen. 2Absatz 1 gilt entsprechend.

(4) Das Standesamt hat die Geburt eines Kindes, dessen Eltern nicht miteinander verheiratet sind, unverzüglich dem Jugendamt anzuzeigen.

§ 53 Beratung und Unterstützung von Pflegern und Vormündern

(1) Das Jugendamt hat dem Familiengericht Personen und Vereine vorzuschlagen, die sich im Einzelfall zum Pfleger oder Vormund eignen.

(2) Pfleger und Vormünder haben Anspruch auf regelmäßige und dem jeweiligen erzieherischen Bedarf des Mündels entsprechende Beratung und Unterstützung.

(3) $_{1}$Das Jugendamt hat darauf zu achten, dass die Vormünder und Pfleger für die Person der Mündel, insbesondere ihre Erziehung und Pflege, Sorge tragen. $_{2}$Es hat beratend darauf hinzuwirken, dass festgestellte Mängel im Einvernehmen mit dem Vormund oder dem Pfleger behoben werden. $_{3}$Soweit eine Behebung der Mängel nicht erfolgt, hat es dies dem Familiengericht mitzuteilen. $_{4}$Es hat dem Familiengericht über das persönliche Ergehen und die Entwicklung eines Mündels Auskunft zu erteilen. $_{5}$Erlangt das Jugendamt Kenntnis von der Gefährdung des Vermögens eines Mündels, so hat es dies dem Familiengericht anzuzeigen.

(4) $_{1}$Für die Gegenvormundschaft gelten die Absätze 1 und 2 entsprechend. $_{2}$Ist ein Verein Vormund, so findet Absatz 3 keine Anwendung.

§ 54 Erlaubnis zur Übernahme von Vereinsvormundschaften

(1) $_{1}$Ein rechtsfähiger Verein kann Pflegschaften oder Vormundschaften übernehmen, wenn ihm das Landesjugendamt dazu eine Erlaubnis erteilt hat. $_{2}$Er kann eine Beistandschaft übernehmen, soweit Landesrecht dies vorsieht.

(2) Die Erlaubnis ist zu erteilen, wenn der Verein gewährleistet, dass er

1. eine ausreichende Zahl geeigneter Mitarbeiter hat und diese beaufsichtigen, weiterbilden und gegen Schäden, die diese anderen im Rahmen ihrer Tätigkeit zufügen können, angemessen versichern wird,
2. sich planmäßig um die Gewinnung von Einzelvormündern und Einzelpflegern bemüht und sie in ihre Aufgaben einführt, fortbildet und berät,
3. einen Erfahrungsaustausch zwischen den Mitarbeitern ermöglicht.

(3) $_{1}$Die Erlaubnis gilt für das jeweilige Bundesland, in dem der Verein seinen Sitz hat. $_{2}$Sie kann auf den Bereich eines Landesjugendamts beschränkt werden.

(4) $_{1}$Das Nähere regelt das Landesrecht. $_{2}$Es kann auch weitere Voraussetzungen für die Erteilung der Erlaubnis vorsehen.

§ 55 Beistandschaft, Amtspflegschaft und Amtsvormundschaft

(1) Das Jugendamt wird Beistand, Pfleger oder Vormund in den durch das Bürgerliche Gesetzbuch vorgesehenen Fällen (Beistandschaft, Amtspflegschaft, Amtsvormundschaft).

(2) $_{1}$Das Jugendamt überträgt die Ausübung der Aufgaben des Beistands, des Amtspflegers oder des Amtsvormunds einzelnen seiner Beamten oder Angestellten. $_{2}$Vor der Übertragung der Aufgaben des Amtspflegers oder des Amtsvormunds soll das Jugendamt das Kind oder den Jugendlichen zur Auswahl des Beamten oder Angestellten mündlich anhören, soweit dies nach Alter und Entwicklungsstand des Kindes oder Jugendlichen möglich ist. $_{3}$Eine ausnahmsweise vor der Übertragung unterbliebene Anhörung ist unverzüglich nachzuholen. $_{4}$Ein vollzeitbeschäftigter Beamter oder Angestellter, der nur mit der Führung von Vormundschaften oder Pflegschaften betraut ist, soll höchstens 50 und bei gleichzeitiger Wahrnehmung anderer Aufgaben entsprechend weniger Vormundschaften oder Pflegschaften führen.

(3) $_{1}$Die Übertragung gehört zu den Angelegenheiten der laufenden Verwaltung. $_{2}$In dem durch die Übertragung umschriebenen Rahmen ist der Beamte oder Angestellte gesetzlicher Vertreter des Kindes oder Jugendlichen. $_{3}$Amtspfleger und Amtsvormund haben den persönlichen Kontakt zu diesem zu halten sowie dessen Pflege und Erziehung nach Maßgabe des § 1793 Absatz 1a und § 1800 des Bürgerlichen Gesetzbuchs persönlich zu fördern und zu gewährleisten.

§ 56 Führung der Beistandschaft, der Amtspflegschaft und der Amtsvormundschaft

(1) Auf die Führung der Beistandschaft, der Amtspflegschaft und der Amtsvormundschaft sind die Bestimmungen des Bürgerlichen Gesetzbuchs anzuwenden, soweit dieses Gesetz nicht etwas anderes bestimmt.

(2) 1Gegenüber dem Jugendamt als Amtsvormund und Amtspfleger werden die Vorschriften des § 1802 Absatz 3 und des § 1818 des Bürgerlichen Gesetzbuchs nicht angewandt. 2In den Fällen des § 1803 Absatz 2, des § 1811 und des § 1822 Nummer 6 und 7 des Bürgerlichen Gesetzbuchs ist eine Genehmigung des Familiengerichts nicht erforderlich. 3Landesrecht kann für das Jugendamt als Amtspfleger oder als Amtsvormund weitergehende Ausnahmen von der Anwendung der Bestimmungen des Bürgerlichen Gesetzbuchs über die Vormundschaft über Minderjährige (§§ 1773 bis 1895) vorsehen, die die Aufsicht des Familiengerichts in vermögensrechtlicher Hinsicht sowie beim Abschluss von Lehr- und Arbeitsverträgen betreffen.

(3) 1Mündelgeld kann mit Genehmigung des Familiengerichts auf Sammelkonten des Jugendamts bereitgehalten und angelegt werden, wenn es den Interessen des Mündels dient und sofern die sichere Verwaltung, Trennbarkeit und Rechnungslegung des Geldes einschließlich der Zinsen jederzeit gewährleistet ist; Landesrecht kann bestimmen, dass eine Genehmigung des Familiengerichts nicht erforderlich ist. 2Die Anlegung von Mündelgeld gemäß § 1807 des Bürgerlichen Gesetzbuchs ist auch bei der Körperschaft zulässig, die das Jugendamt errichtet hat.

(4) Das Jugendamt hat in der Regel jährlich zu prüfen, ob im Interesse des Kindes oder des Jugendlichen seine Entlassung als Amtspfleger oder Amtsvormund und die Bestellung einer Einzelperson oder eines Vereins angezeigt ist, und dies dem Familiengericht mitzuteilen.

§ 57 Mitteilungspflicht des Jugendamts

Das Jugendamt hat dem Familiengericht unverzüglich den Eintritt einer Vormundschaft mitzuteilen.

§ 58 Gegenvormundschaft des Jugendamts

Für die Tätigkeit des Jugendamts als Gegenvormund gelten die §§ 55 und 56 entsprechend.

§ 58a Sorgeregister; Bescheinigung über Nichtvorliegen von Eintragungen im Sorgeregister

(1) 1Zum Zwecke der Erteilung der Bescheinigung nach Absatz 2 wird für Kinder nicht miteinander verheirateter Eltern bei dem nach § 87c Absatz 6 Satz 2 zuständigen Jugendamt ein Sorgeregister geführt. 2In das Sorgeregister erfolgt jeweils eine Eintragung, wenn

1. Sorgeerklärungen nach § 1626a Absatz 1 Nummer 1 des Bürgerlichen Gesetzbuchs abgegeben werden oder
2. aufgrund einer gerichtlichen Entscheidung die elterliche Sorge den Eltern ganz oder zum Teil gemeinsam übertragen wird.

3Das Sorgeregister enthält auch Eintragungen, wenn Sorgeerklärungen nach Artikel 224 § 2 Absatz 3 des Einführungsgesetzes zum Bürgerlichen Gesetzbuche in der bis zum 19. Mai 2013 geltenden Fassung ersetzt wurden.

(2) 1Liegen keine Eintragungen im Sorgeregister vor, so erhält die mit dem Vater des Kindes nicht verheiratete Mutter auf Antrag hierüber eine Bescheinigung von dem nach § 87c Absatz 6 Satz 1 zuständigen Jugendamt. 2Die Mutter hat dafür Geburtsdatum und Geburtsort des Kindes oder des Jugendlichen anzugeben sowie den Namen, den das Kind oder der Jugendliche zur Zeit der Beurkundung seiner Geburt geführt hat.

Fünfter Abschnitt
Beurkundung, vollstreckbare Urkunden

§ 59 Beurkundung

(1) 1Die Urkundsperson beim Jugendamt ist befugt,

1. die Erklärung, durch die die Vaterschaft anerkannt oder die Anerkennung widerrufen wird, die Zustimmungserklärung der Mutter sowie die etwa erforderliche Zustimmung des Mannes, der im Zeitpunkt der Geburt mit der Mutter verheiratet ist,

des Kindes, des Jugendlichen oder eines gesetzlichen Vertreters zu einer solchen Erklärung (Erklärungen über die Anerkennung der Vaterschaft) zu beurkunden,

2. die Erklärung, durch die die Mutterschaft anerkannt wird, sowie die etwa erforderliche Zustimmung des gesetzlichen Vertreters der Mutter zu beurkunden (§ 44 Absatz 2 des Personenstandsgesetzes),
3. die Verpflichtung zur Erfüllung von Unterhaltsansprüchen eines Abkömmlings oder seines gesetzlichen Rechtsnachfolgers zu beurkunden, sofern der Abkömmling zum Zeitpunkt der Beurkundung das 21. Lebensjahr noch nicht vollendet hat,
4. die Verpflichtung zur Erfüllung von Ansprüchen auf Unterhalt (§ 1615l des Bürgerlichen Gesetzbuchs), auch des gesetzlichen Rechtsnachfolgers, zu beurkunden,
5. die Bereiterklärung der Adoptionsbewerber zur Annahme eines ihnen zur internationalen Adoption vorgeschlagenen Kindes (§ 7 Absatz 1 des Adoptionsübereinkommens-Ausführungsgesetzes) zu beurkunden,
6. den Widerruf der Einwilligung des Kindes in die Annahme als Kind (§ 1746 Absatz 2 des Bürgerlichen Gesetzbuchs) zu beurkunden,
7. die Erklärung, durch die der Vater auf die Übertragung der Sorge verzichtet (§ 1747 Absatz 3 Nummer 2 des Bürgerlichen Gesetzbuchs), zu beurkunden,
8. die Sorgeerklärungen (§ 1626a Absatz 1 Nummer 1 des Bürgerlichen Gesetzbuchs) sowie die etwa erforderliche Zustimmung des gesetzlichen Vertreters eines beschränkt geschäftsfähigen Elternteils (§ 1626c Absatz 2 des Bürgerlichen Gesetzbuchs) zu beurkunden,
9. eine Erklärung des auf Unterhalt in Anspruch genommenen Elternteils nach § 252 des Gesetzes über das Verfahren in Familiensachen und in den Angelegenheiten der freiwilligen Gerichtsbarkeit aufzunehmen; § 129a der Zivilprozessordnung gilt entsprechend.

$_2$Die Zuständigkeit der Notare, anderer Urkundspersonen oder sonstiger Stellen für öffentliche Beurkundungen bleibt unberührt.

(2) Die Urkundsperson soll eine Beurkundung nicht vornehmen, wenn ihr in der betreffenden Angelegenheit die Vertretung eines Beteiligten obliegt.

(3) $_1$Das Jugendamt hat geeignete Beamte und Angestellte zur Wahrnehmung der Aufgaben nach Absatz 1 zu ermächtigen. $_2$Die Länder können Näheres hinsichtlich der fachlichen Anforderungen an diese Personen regeln.

§ 60 Vollstreckbare Urkunden

$_1$Aus Urkunden, die eine Verpflichtung nach § 59 Absatz 1 Satz 1 Nummer 3 oder 4 zum Gegenstand haben und die von einem Beamten oder Angestellten des Jugendamts innerhalb der Grenzen seiner Amtsbefugnisse in der vorgeschriebenen Form aufgenommen worden sind, findet die Zwangsvollstreckung statt, wenn die Erklärung die Zahlung einer bestimmten Geldsumme betrifft und der Schuldner sich in der Urkunde der sofortigen Zwangsvollstreckung unterworfen hat. $_2$Die Zustellung kann auch dadurch vollzogen werden, dass der Beamte oder Angestellte dem Schuldner eine beglaubigte Abschrift der Urkunde aushändigt; § 173 Satz 2 und 3 der Zivilprozessordnung gilt entsprechend. $_3$Auf die Zwangsvollstreckung sind die Vorschriften, die für die Zwangsvollstreckung aus gerichtlichen Urkunden nach § 794 Absatz 1 Nummer 5 der Zivilprozessordnung gelten, mit folgenden Maßgaben entsprechend anzuwenden:

1. Die vollstreckbare Ausfertigung sowie die Bestätigungen nach § 1079 der Zivilprozessordnung werden von den Beamten oder Angestellten des Jugendamts erteilt, denen die Beurkundung der Verpflichtungserklärung übertragen ist. Das Gleiche gilt für die Bezifferung einer Verpflichtungserklärung nach § 790 der Zivilprozessordnung.
2. Über Einwendungen, die die Zulässigkeit der Vollstreckungsklausel oder die Zulässigkeit der Bezifferung nach § 790 der Zivilprozessordnung betreffen, über die Erteilung einer weiteren vollstreckbaren Ausfertigung sowie über Anträge nach § 1081 der Zivilprozessordnung entscheidet das für das Jugendamt zuständige Amtsgericht.

Viertes Kapitel
Schutz von Sozialdaten

§ 61 Anwendungsbereich

(1) 1Für den Schutz von Sozialdaten bei ihrer Erhebung und Verwendung in der Jugendhilfe gelten § 35 des Ersten Buches, §§ 67 bis 85a des Zehnten Buches sowie die nachfolgenden Vorschriften. 2Sie gelten für alle Stellen des Trägers der öffentlichen Jugendhilfe, soweit sie Aufgaben nach diesem Buch wahrnehmen. 3Für die Wahrnehmung von Aufgaben nach diesem Buch durch kreisangehörige Gemeinden und Gemeindeverbände, die nicht örtliche Träger sind, gelten die Sätze 1 und 2 entsprechend.

(2) Für den Schutz von Sozialdaten bei ihrer Erhebung und Verwendung im Rahmen der Tätigkeit des Jugendamts als Amtspfleger, Amtsvormund, Beistand und Gegenvormund gilt nur § 68.

(3) Werden Einrichtungen und Dienste der Träger der freien Jugendhilfe in Anspruch genommen, so ist sicherzustellen, dass der Schutz der personenbezogenen Daten bei der Erhebung und Verwendung in entsprechender Weise gewährleistet ist.

§ 62 Datenerhebung

(1) Sozialdaten dürfen nur erhoben werden, soweit ihre Kenntnis zur Erfüllung der jeweiligen Aufgabe erforderlich ist.

(2) 1Sozialdaten sind beim Betroffenen zu erheben. 2Er ist über die Rechtsgrundlage der Erhebung sowie die Zweckbestimmungen der Erhebung und Verwendung aufzuklären, soweit diese nicht offenkundig sind.

(3) Ohne Mitwirkung des Betroffenen dürfen Sozialdaten nur erhoben werden, wenn

1. eine gesetzliche Bestimmung dies vorschreibt oder erlaubt oder
2. ihre Erhebung beim Betroffenen nicht möglich ist oder die jeweilige Aufgabe ihrer Art nach eine Erhebung bei anderen erfordert, die Kenntnis der Daten aber erforderlich ist für
   a) die Feststellung der Voraussetzungen oder für die Erfüllung einer Leistung nach diesem Buch oder
   b) die Feststellung der Voraussetzungen für die Erstattung einer Leistung nach § 50 des Zehnten Buches oder
   c) die Wahrnehmung einer Aufgabe nach den §§ 42 bis 48a und nach § 52 oder
   d) die Erfüllung des Schutzauftrags bei Kindeswohlgefährdung nach § 8a oder
3. die Erhebung beim Betroffenen einen unverhältnismäßigen Aufwand erfordern würde und keine Anhaltspunkte dafür bestehen, daß schutzwürdige Interessen des Betroffenen beeinträchtigt werden oder
4. die Erhebung bei dem Betroffenen den Zugang zur Hilfe ernsthaft gefährden würde.

(4) 1Ist der Betroffene nicht zugleich Leistungsberechtigter oder sonst an der Leistung beteiligt, so dürfen die Daten auch beim Leistungsberechtigten oder einer anderen Person, die sonst an der Leistung beteiligt ist, erhoben werden, wenn die Kenntnis der Daten für die Gewährung einer Leistung nach diesem Buch notwendig ist. 2Satz 1 gilt bei der Erfüllung anderer Aufgaben im Sinne des § 2 Absatz 3 entsprechend.

§ 63 Datenspeicherung

(1) Sozialdaten dürfen gespeichert werden, soweit dies für die Erfüllung der jeweiligen Aufgabe erforderlich ist.

(2) 1Daten, die zur Erfüllung unterschiedlicher Aufgaben der öffentlichen Jugendhilfe erhoben worden sind, dürfen nur zusammengeführt werden, wenn und solange dies wegen eines unmittelbaren Sachzusammenhangs erforderlich ist. 2Daten, die zu Leistungszwecken im Sinne des § 2 Absatz 2 und Daten, die für andere Aufgaben im Sinne des § 2 Absatz 3 erhoben worden sind, dürfen nur zusammengeführt werden, soweit dies zur Erfüllung der jeweiligen Aufgabe erforderlich ist.

§ 64 Datenübermittlung und -nutzung

(1) Sozialdaten dürfen zu dem Zweck übermittelt oder genutzt werden, zu dem sie erhoben worden sind.

(2) Eine Übermittlung für die Erfüllung von Aufgaben nach § 69 des Zehnten Buches ist abweichend von Absatz 1 nur zulässig, so-

weit dadurch der Erfolg einer zu gewährenden Leistung nicht in Frage gestellt wird.

(2a) Vor einer Übermittlung an eine Fachkraft, die der verantwortlichen Stelle nicht angehört, sind die Sozialdaten zu anonymisieren oder zu pseudonymisieren, soweit die Aufgabenerfüllung dies zulässt.

(3) Sozialdaten dürfen beim Träger der öffentlichen Jugendhilfe zum Zwecke der Planung im Sinne des § 80 gespeichert oder genutzt werden; sie sind unverzüglich zu anonymisieren.

§ 65 Besonderer Vertrauensschutz in der persönlichen und erzieherischen Hilfe

(1) $_1$Sozialdaten, die dem Mitarbeiter eines Trägers der öffentlichen Jugendhilfe zum Zwecke persönlicher und erzieherischer Hilfe anvertraut worden sind, dürfen von diesem nur weitergegeben werden

1. mit der Einwilligung dessen, der die Daten anvertraut hat, oder
2. dem Familiengericht zur Erfüllung der Aufgaben nach § 8a Absatz 2, wenn angesichts einer Gefährdung des Wohls eines Kindes oder eines Jugendlichen ohne diese Mitteilung eine für die Gewährung von Leistungen notwendige gerichtliche Entscheidung nicht ermöglicht werden könnte, oder
3. dem Mitarbeiter, der auf Grund eines Wechsels der Fallzuständigkeit im Jugendamt oder eines Wechsels der örtlichen Zuständigkeit für die Gewährung oder Erbringung der Leistung verantwortlich ist, wenn Anhaltspunkte für eine Gefährdung des Kindeswohls gegeben sind und die Daten für eine Abschätzung des Gefährdungsrisikos notwendig sind, oder
4. an die Fachkräfte, die zum Zwecke der Abschätzung des Gefährdungsrisikos nach § 8a hinzugezogen werden; § 64 Absatz 2a bleibt unberührt, oder
5. unter den Voraussetzungen, unter denen eine der in § 203 Absatz 1 oder 3 des Strafgesetzbuches genannten Personen dazu befugt wäre.

$_2$Gibt der Mitarbeiter anvertraute Sozialdaten weiter, so dürfen sie vom Empfänger nur zu dem Zweck weitergegeben werden, zu dem er diese befugt erhalten hat.

(2) § 35 Absatz 3 des Ersten Buches gilt auch, soweit ein behördeninternes Weitergabeverbot nach Absatz 1 besteht.

§ 66 (weggefallen)

§ 67 (weggefallen)

§ 68 Sozialdaten im Bereich der Beistandschaft, Amtspflegschaft und der Amtsvormundschaft

(1) $_1$Der Beamte oder Angestellte, dem die Ausübung der Beistandschaft, Amtspflegschaft oder Amtsvormundschaft übertragen ist, darf Sozialdaten nur erheben und verwenden, soweit dies zur Erfüllung seiner Aufgaben erforderlich ist. $_2$Die Nutzung dieser Sozialdaten zum Zwecke der Aufsicht, Kontrolle oder Rechnungsprüfung durch die dafür zuständigen Stellen sowie die Übermittlung an diese ist im Hinblick auf den Einzelfall zulässig.

(2) Für die Löschung und Sperrung der Daten gilt § 84 Absatz 2, 3 und 6 des Zehnten Buches entsprechend.

(3) $_1$Wer unter Beistandschaft, Amtspflegschaft oder Amtsvormundschaft gestanden hat, hat nach Vollendung des 18. Lebensjahres ein Recht auf Kenntnis der zu seiner Person gespeicherten Informationen, soweit nicht berechtigte Interessen Dritter entgegenstehen. $_2$Vor Vollendung des 18. Lebensjahres können ihm die gespeicherten Informationen bekannt gegeben werden, soweit er die erforderliche Einsichts- und Urteilsfähigkeit besitzt und keine berechtigten Interessen Dritter entgegenstehen. $_3$Nach Beendigung einer Beistandschaft hat darüber hinaus der Elternteil, der die Beistandschaft beantragt hat, einen Anspruch auf Kenntnis der gespeicherten Daten, solange der junge Mensch minderjährig ist und der Elternteil antragsberechtigt ist.

(4) Personen oder Stellen, an die Sozialdaten übermittelt worden sind, dürfen diese nur zu dem Zweck verwenden, zu dem sie ihnen nach Absatz 1 befugt weitergegeben worden sind.

(5) Für die Tätigkeit des Jugendamts als Gegenvormund gelten die Absätze 1 bis 4 entsprechend.

Fünftes Kapitel
Träger der Jugendhilfe, Zusammenarbeit, Gesamtverantwortung

Erster Abschnitt
Träger der öffentlichen Jugendhilfe

§ 69 Träger der öffentlichen Jugendhilfe, Jugendämter, Landesjugendämter

(1) Die Träger der öffentlichen Jugendhilfe werden durch Landesrecht bestimmt.

(2) (weggefallen)

(3) Für die Wahrnehmung der Aufgaben nach diesem Buch errichtet jeder örtliche Träger ein Jugendamt, jeder überörtliche Träger ein Landesjugendamt.

(4) Mehrere örtliche Träger und mehrere überörtliche Träger können, auch wenn sie verschiedenen Ländern angehören, zur Durchführung einzelner Aufgaben gemeinsame Einrichtungen und Dienste errichten.

§ 70 Organisation des Jugendamts und des Landesjugendamts

(1) Die Aufgaben des Jugendamts werden durch den Jugendhilfeausschuss und durch die Verwaltung des Jugendamts wahrgenommen.

(2) Die Geschäfte der laufenden Verwaltung im Bereich der öffentlichen Jugendhilfe werden vom Leiter der Verwaltung der Gebietskörperschaft oder in seinem Auftrag vom Leiter der Verwaltung des Jugendamts im Rahmen der Satzung und der Beschlüsse der Vertretungskörperschaft und des Jugendhilfeausschusses geführt.

(3) $_1$Die Aufgaben des Landesjugendamts werden durch den Landesjugendhilfeausschuss und durch die Verwaltung des Landesjugendamts im Rahmen der Satzung und der dem Landesjugendamt zur Verfügung gestellten Mittel wahrgenommen. $_2$Die Geschäfte der laufenden Verwaltung werden von dem Leiter der Verwaltung des Landesjugendamts im Rahmen der Satzung und der Beschlüsse des Landesjugendhilfeausschusses geführt.

§ 71 Jugendhilfeausschuss, Landesjugendhilfeausschuss

(1) Dem Jugendhilfeausschuss gehören als stimmberechtigte Mitglieder an

1. mit drei Fünfteln des Anteils der Stimmen Mitglieder der Vertretungskörperschaft des Trägers der öffentlichen Jugendhilfe oder von ihr gewählte Frauen und Männer, die in der Jugendhilfe erfahren sind,
2. mit zwei Fünfteln des Anteils der Stimmen Frauen und Männer, die auf Vorschlag der im Bereich des öffentlichen Trägers wirkenden und anerkannten Träger der freien Jugendhilfe von der Vertretungskörperschaft gewählt werden; Vorschläge der Jugendverbände und der Wohlfahrtsverbände sind angemessen zu berücksichtigen.

(2) Der Jugendhilfeausschuss befasst sich mit allen Angelegenheiten der Jugendhilfe, insbesondere mit

1. der Erörterung aktueller Problemlagen junger Menschen und ihrer Familien sowie mit Anregungen und Vorschlägen für die Weiterentwicklung der Jugendhilfe,
2. der Jugendhilfeplanung und
3. der Förderung der freien Jugendhilfe.

(3) $_1$Er hat Beschlussrecht in Angelegenheiten der Jugendhilfe im Rahmen der von der Vertretungskörperschaft bereitgestellten Mittel, der von ihr erlassenen Satzung und der von ihr gefassten Beschlüsse. $_2$Er soll vor jeder Beschlussfassung der Vertretungskörperschaft in Fragen der Jugendhilfe und vor der Berufung eines Leiters des Jugendamts gehört werden und hat das Recht, an die Vertretungskörperschaft Anträge zu stellen. $_3$Er tritt nach Bedarf zusammen und ist auf Antrag von mindestens einem Fünftel der Stimmberechtigten einzuberufen. $_4$Seine Sitzungen sind öffentlich, soweit nicht das Wohl der Allgemeinheit, berechtigte Interessen einzelner Personen oder schutzbedürftiger Gruppen entgegenstehen.

(4) $_1$Dem Landesjugendhilfeausschuss gehören mit zwei Fünfteln des Anteils der Stimmen Frauen und Männer an, die auf Vorschlag der

3

im Bereich des Landesjugendamts wirkenden und anerkannten Träger der freien Jugendhilfe von der obersten Landesjugendbehörde zu berufen sind. $_2$Die übrigen Mitglieder werden durch Landesrecht bestimmt. $_3$Absatz 2 gilt entsprechend.

(5) $_1$Das Nähere regelt das Landesrecht. $_2$Es regelt die Zugehörigkeit beratender Mitglieder zum Jugendhilfeausschuss. $_3$Es kann bestimmen, dass der Leiter der Verwaltung der Gebietskörperschaft oder der Leiter der Verwaltung des Jugendamts nach Absatz 1 Nummer 1 stimmberechtigt ist.

§ 72 Mitarbeiter, Fortbildung

(1) $_1$Die Träger der öffentlichen Jugendhilfe sollen bei den Jugendämtern und Landesjugendämtern hauptberuflich nur Personen beschäftigen, die sich für die jeweilige Aufgabe nach ihrer Persönlichkeit eignen und eine dieser Aufgabe entsprechende Ausbildung erhalten haben (Fachkräfte) oder auf Grund besonderer Erfahrungen in der sozialen Arbeit in der Lage sind, die Aufgabe zu erfüllen. $_2$Soweit die jeweilige Aufgabe dies erfordert, sind mit ihrer Wahrnehmung nur Fachkräfte oder Fachkräfte mit entsprechender Zusatzausbildung zu betrauen. $_3$Fachkräfte verschiedener Fachrichtungen sollen zusammenwirken, soweit die jeweilige Aufgabe dies erfordert.

(2) Leitende Funktionen des Jugendamts oder des Landesjugendamts sollen in der Regel nur Fachkräften übertragen werden.

(3) Die Träger der öffentlichen Jugendhilfe haben Fortbildung und Praxisberatung der Mitarbeiter des Jugendamts und des Landesjugendamts sicherzustellen.

§ 72a Tätigkeitsausschluss einschlägig vorbestrafter Personen

(1) $_1$Die Träger der öffentlichen Jugendhilfe dürfen für die Wahrnehmung der Aufgaben in der Kinder- und Jugendhilfe keine Person beschäftigen oder vermitteln, die rechtskräftig wegen einer Straftat nach den §§ 171, 174 bis 174c, 176 bis 180a, 181a, 182 bis 184g, 225, 232 bis 233a, 234, 235 oder 236 des Strafgesetzbuchs verurteilt worden ist. $_2$Zu diesem Zweck sollen sie sich bei der Einstellung oder Vermittlung und in regelmäßigen Abständen von den betroffenen Personen ein Führungszeugnis nach § 30 Absatz 5 und § 30a Absatz 1 des Bundeszentralregistergesetzes vorlegen lassen.

(2) Die Träger der öffentlichen Jugendhilfe sollen durch Vereinbarungen mit den Trägern der freien Jugendhilfe sicherstellen, dass diese keine Person, die wegen einer Straftat nach Absatz 1 Satz 1 rechtskräftig verurteilt worden ist, beschäftigen.

(3) $_1$Die Träger der öffentlichen Jugendhilfe sollen sicherstellen, dass unter ihrer Verantwortung keine neben- oder ehrenamtlich tätige Person, die wegen einer Straftat nach Absatz 1 Satz 1 rechtskräftig verurteilt worden ist, in Wahrnehmung von Aufgaben der Kinder- und Jugendhilfe Kinder oder Jugendliche beaufsichtigt, betreut, erzieht oder ausbildet oder einen vergleichbaren Kontakt hat. $_2$Hierzu sollen die Träger der öffentlichen Jugendhilfe über die Tätigkeiten entscheiden, die von den in Satz 1 genannten Personen auf Grund von Art, Intensität und Dauer des Kontakts dieser Personen mit Kindern und Jugendlichen nur nach Einsichtnahme in das Führungszeugnis nach Absatz 1 Satz 2 wahrgenommen werden dürfen.

(4) $_1$Die Träger der öffentlichen Jugendhilfe sollen durch Vereinbarungen mit den Trägern der freien Jugendhilfe sowie mit Vereinen im Sinne des § 54 sicherstellen, dass unter deren Verantwortung keine neben- oder ehrenamtlich tätige Person, die wegen einer Straftat nach Absatz 1 Satz 1 rechtskräftig verurteilt worden ist, in Wahrnehmung von Aufgaben der Kinder- und Jugendhilfe Kinder oder Jugendliche beaufsichtigt, betreut, erzieht oder ausbildet oder einen vergleichbaren Kontakt hat. $_2$Hierzu sollen die Träger der öffentlichen Jugendhilfe mit den Trägern der freien Jugendhilfe Vereinbarungen über die Tätigkeiten schließen, die von den in Satz 1 genannten Personen auf Grund von Art, Intensität und Dauer des Kontakts dieser Personen mit Kindern und Jugendlichen nur nach Einsichtnahme in das Führungszeugnis nach Absatz 1 Satz 2 wahrgenommen werden dürfen.

(5) $_1$Träger der öffentlichen und freien Jugendhilfe dürfen von den nach den Absätzen 3 und 4 eingesehenen Daten nur den Umstand, dass Einsicht in ein Führungszeug-

nis genommen wurde, das Datum des Führungszeugnisses und die Information erheben, ob die das Führungszeugnis betreffende Person wegen einer Straftat nach Absatz 1 Satz 1 rechtskräftig verurteilt worden ist. 2Die Träger der öffentlichen und freien Jugendhilfe dürfen diese erhobenen Daten nur speichern, verändern und nutzen, soweit dies zum Ausschluss der Personen von der Tätigkeit, die Anlass zu der Einsichtnahme in das Führungszeugnis gewesen ist, erforderlich ist. 3Die Daten sind vor dem Zugriff Unbefugter zu schützen. 4Sie sind unverzüglich zu löschen, wenn im Anschluss an die Einsichtnahme keine Tätigkeit nach Absatz 3 Satz 2 oder Absatz 4 Satz 2 wahrgenommen wird. 5Andernfalls sind die Daten spätestens drei Monate nach der Beendigung einer solchen Tätigkeit zu löschen.

Zweiter Abschnitt Zusammenarbeit mit der freien Jugendhilfe, ehrenamtliche Tätigkeit

§ 73 Ehrenamtliche Tätigkeit

In der Jugendhilfe ehrenamtlich tätige Personen sollen bei ihrer Tätigkeit angeleitet, beraten und unterstützt werden.

§ 74 Förderung der freien Jugendhilfe

(1) 1Die Träger der öffentlichen Jugendhilfe sollen die freiwillige Tätigkeit auf dem Gebiet der Jugendhilfe anregen; sie sollen sie fördern, wenn der jeweilige Träger

1. die fachlichen Voraussetzungen für die geplante Maßnahme erfüllt und die Beachtung der Grundsätze und Maßstäbe der Qualitätsentwicklung und Qualitätssicherung nach § 79a gewährleistet,
2. die Gewähr für eine zweckentsprechende und wirtschaftliche Verwendung der Mittel bietet,
3. gemeinnützige Ziele verfolgt,
4. eine angemessene Eigenleistung erbringt und
5. die Gewähr für eine den Zielen des Grundgesetzes förderliche Arbeit bietet.

2Eine auf Dauer angelegte Förderung setzt in der Regel die Anerkennung als Träger der freien Jugendhilfe nach § 75 voraus.

(2) 1Soweit von der freien Jugendhilfe Einrichtungen, Dienste und Veranstaltungen geschaffen werden, um die Gewährung von Leistungen nach diesem Buch zu ermöglichen, kann die Förderung von der Bereitschaft abhängig gemacht werden, diese Einrichtungen, Dienste und Veranstaltungen nach Maßgabe der Jugendhilfeplanung und unter Beachtung der in § 9 genannten Grundsätze anzubieten. 2§ 4 Absatz 1 bleibt unberührt.

(3) 1Über die Art und Höhe der Förderung entscheidet der Träger der öffentlichen Jugendhilfe im Rahmen der verfügbaren Haushaltsmittel nach pflichtgemäßem Ermessen. 2Entsprechendes gilt, wenn mehrere Antragsteller die Förderungsvoraussetzungen erfüllen und die von ihnen vorgesehenen Maßnahmen gleich geeignet sind, zur Befriedigung des Bedarfs jedoch nur eine Maßnahme notwendig ist. 3Bei der Bemessung der Eigenleistung sind die unterschiedliche Finanzkraft und die sonstigen Verhältnisse zu berücksichtigen.

(4) Bei sonst gleich geeigneten Maßnahmen soll solchen der Vorzug gegeben werden, die stärker an den Interessen der Betroffenen orientiert sind und ihre Einflussnahme auf die Ausgestaltung der Maßnahme gewährleisten.

(5) 1Bei der Förderung gleichartiger Maßnahmen mehrerer Träger sind unter Berücksichtigung ihrer Eigenleistungen gleiche Grundsätze und Maßstäbe anzulegen. 2Werden gleichartige Maßnahmen von der freien und der öffentlichen Jugendhilfe durchgeführt, so sind bei der Förderung die Grundsätze und Maßstäbe anzuwenden, die für die Finanzierung der Maßnahmen der öffentlichen Jugendhilfe gelten.

(6) Die Förderung von anerkannten Trägern der Jugendhilfe soll auch Mittel für die Fortbildung der haupt-, neben- und ehrenamtlichen Mitarbeiter sowie im Bereich der Jugendarbeit Mittel für die Errichtung und Unterhaltung von Jugendfreizeit- und Jugendbildungsstätten einschließen.

§ 74a Finanzierung von Tageseinrichtungen für Kinder

1Die Finanzierung von Tageseinrichtungen regelt das Landesrecht. 2Dabei können alle Träger von Einrichtungen, die die rechtlichen und fachlichen Voraussetzungen für den Betrieb der Einrichtung erfüllen, gefördert werden. 3Die Erhebung von Teilnahmebeiträgen nach § 90 bleibt unberührt.

§ 75 Anerkennung als Träger der freien Jugendhilfe

(1) Als Träger der freien Jugendhilfe können juristische Personen und Personenvereinigungen anerkannt werden, wenn sie

1. auf dem Gebiet der Jugendhilfe im Sinne des § 1 tätig sind,
2. gemeinnützige Ziele verfolgen,
3. auf Grund der fachlichen und personellen Voraussetzungen erwarten lassen, dass sie einen nicht unwesentlichen Beitrag zur Erfüllung der Aufgaben der Jugendhilfe zu leisten imstande sind, und
4. die Gewähr für eine den Zielen des Grundgesetzes förderliche Arbeit bieten.

(2) Einen Anspruch auf Anerkennung als Träger der freien Jugendhilfe hat unter den Voraussetzungen des Absatzes 1, wer auf dem Gebiet der Jugendhilfe mindestens drei Jahre tätig gewesen ist.

(3) Die Kirchen und Religionsgemeinschaften des öffentlichen Rechts sowie die auf Bundesebene zusammengeschlossenen Verbände der freien Wohlfahrtspflege sind anerkannte Träger der freien Jugendhilfe.

§ 76 Beteiligung anerkannter Träger der freien Jugendhilfe an der Wahrnehmung anderer Aufgaben

(1) Die Träger der öffentlichen Jugendhilfe können anerkannte Träger der freien Jugendhilfe an der Durchführung ihrer Aufgaben nach den §§ 42, 42a, 43, 50 bis 52a und 53 Absatz 2 bis 4 beteiligen oder ihnen diese Aufgaben zur Ausführung übertragen.

(2) Die Träger der öffentlichen Jugendhilfe bleiben für die Erfüllung der Aufgaben verantwortlich.

§ 77 Vereinbarungen über die Höhe der Kosten

1Werden Einrichtungen und Dienste der Träger der freien Jugendhilfe in Anspruch genommen, so sind Vereinbarungen über die Höhe der Kosten der Inanspruchnahme zwischen der öffentlichen und der freien Jugendhilfe anzustreben. 2Das Nähere regelt das Landesrecht. 3Die §§ 78a bis 78g bleiben unberührt.

§ 78 Arbeitsgemeinschaften

1Die Träger der öffentlichen Jugendhilfe sollen die Bildung von Arbeitsgemeinschaften anstreben, in denen neben ihnen die anerkannten Träger der freien Jugendhilfe sowie die Träger geförderter Maßnahmen vertreten sind. 2In den Arbeitsgemeinschaften soll darauf hingewirkt werden, dass die geplanten Maßnahmen aufeinander abgestimmt werden und sich gegenseitig ergänzen.

Dritter Abschnitt
Vereinbarungen über Leistungsangebote, Entgelte und Qualitätsentwicklung

§ 78a Anwendungsbereich

(1) Die Regelungen der §§ 78b bis 78g gelten für die Erbringung von

1. Leistungen für Betreuung und Unterkunft in einer sozialpädagogisch begleiteten Wohnform (§ 13 Absatz 3),
2. Leistungen in gemeinsamen Wohnformen für Mütter/Väter und Kinder (§ 19),
3. Leistungen zur Unterstützung bei notwendiger Unterbringung des Kindes oder Jugendlichen zur Erfüllung der Schulpflicht (§ 21 Satz 2),
4. Hilfe zur Erziehung
   a) in einer Tagesgruppe (§ 32),
   b) in einem Heim oder einer sonstigen betreuten Wohnform (§ 34) sowie
   c) in intensiver sozialpädagogischer Einzelbetreuung (§ 35), sofern sie außerhalb der eigenen Familie erfolgt,
   d) in sonstiger teilstationärer oder stationärer Form (§ 27),
5. Eingliederungshilfe für seelisch behinderte Kinder und Jugendliche in

a) anderen teilstationären Einrichtungen (§ 35a Absatz 2 Nummer 2 Alternative 2),
b) Einrichtungen über Tag und Nacht sowie sonstigen Wohnformen (§ 35a Absatz 2 Nummer 4),

6. Hilfe für junge Volljährige (§ 41), sofern diese den in den Nummern 4 und 5 genannten Leistungen entspricht, sowie
7. Leistungen zum Unterhalt (§ 39), sofern diese im Zusammenhang mit Leistungen nach den Nummern 4 bis 6 gewährt werden; § 39 Absatz 2 Satz 3 bleibt unberührt.

(2) Landesrecht kann bestimmen, daß die §§ 78b bis 78g auch für andere Leistungen nach diesem Buch sowie für vorläufige Maßnahmen zum Schutz von Kindern und Jugendlichen (§ 42) gelten.

§ 78b Voraussetzungen für die Übernahme des Leistungsentgelts

(1) Wird die Leistung ganz oder teilweise in einer Einrichtung erbracht, so ist der Träger der öffentlichen Jugendhilfe zur Übernahme des Entgelts gegenüber dem Leistungsberechtigten verpflichtet, wenn mit dem Träger der Einrichtung oder seinem Verband Vereinbarungen über

1. Inhalt, Umfang und Qualität der Leistungsangebote (Leistungsvereinbarung),
2. differenzierte Entgelte für die Leistungsangebote und die betriebsnotwendigen Investitionen (Entgeltvereinbarung) und
3. Grundsätze und Maßstäbe für die Bewertung der Qualität der Leistungsangebote sowie über geeignete Maßnahmen zu ihrer Gewährleistung (Qualitätsentwicklungsvereinbarung)

abgeschlossen worden sind.

(2) 1Die Vereinbarungen sind mit den Trägern abzuschließen, die unter Berücksichtigung der Grundsätze der Leistungsfähigkeit, Wirtschaftlichkeit und Sparsamkeit zur Erbringung der Leistung geeignet sind. 2Vereinbarungen über die Erbringung von Hilfe zur Erziehung im Ausland dürfen nur mit solchen Trägern abgeschlossen werden, die

1. anerkannte Träger der Jugendhilfe oder Träger einer erlaubnispflichtigen Einrichtung im Inland sind, in der Hilfe zur Erziehung erbracht wird,
2. mit der Erbringung solcher Hilfen nur Fachkräfte im Sinne des § 72 Absatz 1 betrauen und
3. die Gewähr dafür bieten, dass sie die Rechtsvorschriften des Aufenthaltslandes einhalten und mit den Behörden des Aufenthaltslandes sowie den deutschen Vertretungen im Ausland zusammenarbeiten.

(3) Ist eine der Vereinbarungen nach Absatz 1 nicht abgeschlossen, so ist der Träger der öffentlichen Jugendhilfe zur Übernahme des Leistungsentgelts nur verpflichtet, wenn dies insbesondere nach Maßgabe der Hilfeplanung (§ 36) im Einzelfall geboten ist.

§ 78c Inhalt der Leistungs- und Entgeltvereinbarungen

(1) 1Die Leistungsvereinbarung muss die wesentlichen Leistungsmerkmale, insbesondere

1. Art, Ziel und Qualität des Leistungsangebots,
2. den in der Einrichtung zu betreuenden Personenkreis,
3. die erforderliche sächliche und personelle Ausstattung,
4. die Qualifikation des Personals sowie
5. die betriebsnotwendigen Anlagen der Einrichtung

festlegen. 2In die Vereinbarung ist aufzunehmen, unter welchen Voraussetzungen der Träger der Einrichtung sich zur Erbringung von Leistungen verpflichtet. 3Der Träger muss gewährleisten, dass die Leistungsangebote zur Erbringung von Leistungen nach § 78a Absatz 1 geeignet sowie ausreichend, zweckmäßig und wirtschaftlich sind.

(2) 1Die Entgelte müssen leistungsgerecht sein. 2Grundlage der Entgeltvereinbarung sind die in der Leistungs- und der Qualitätsentwicklungsvereinbarung festgelegten Leistungs- und Qualitätsmerkmale. 3Eine Erhöhung der Vergütung für Investitionen kann nur dann verlangt werden, wenn der zuständige Träger der öffentlichen Jugendhilfe der Investitionsmaßnahme vorher zugestimmt hat. 4Förderungen aus öffentlichen Mitteln sind anzurechnen.

3

§ 78d Vereinbarungszeitraum

(1) $_{1}$Die Vereinbarungen nach § 78b Absatz 1 sind für einen zukünftigen Zeitraum (Vereinbarungszeitraum) abzuschließen. $_{2}$Nachträgliche Ausgleiche sind nicht zulässig.

(2) $_{1}$Die Vereinbarungen treten zu dem darin bestimmten Zeitpunkt in Kraft. $_{2}$Wird ein Zeitpunkt nicht bestimmt, so werden die Vereinbarungen mit dem Tage ihres Abschlusses wirksam. $_{3}$Eine Vereinbarung, die vor diesen Zeitpunkt zurückwirkt, ist nicht zulässig; dies gilt nicht für Vereinbarungen vor der Schiedsstelle für die Zeit ab Eingang des Antrags bei der Schiedsstelle. $_{4}$Nach Ablauf des Vereinbarungszeitraums gelten die vereinbarten Vergütungen bis zum Inkrafttreten neuer Vereinbarungen weiter.

(3) $_{1}$Bei unvorhersehbaren wesentlichen Veränderungen der Annahmen, die der Entgeltvereinbarung zugrunde lagen, sind die Entgelte auf Verlangen einer Vertragspartei für den laufenden Vereinbarungszeitraum neu zu verhandeln. $_{2}$Die Absätze 1 und 2 gelten entsprechend.

(4) Vereinbarungen über die Erbringung von Leistungen nach § 78a Absatz 1, die vor dem 1. Januar 1999 abgeschlossen worden sind, gelten bis zum Inkrafttreten neuer Vereinbarungen weiter.

§ 78e Örtliche Zuständigkeit für den Abschluss von Vereinbarungen

(1) $_{1}$Soweit Landesrecht nicht etwas anderes bestimmt, ist für den Abschluss von Vereinbarungen nach § 78b Absatz 1 der örtliche Träger der Jugendhilfe zuständig, in dessen Bereich die Einrichtung gelegen ist. $_{2}$Die von diesem Träger abgeschlossenen Vereinbarungen sind für alle örtlichen Träger bindend.

(2) Werden in der Einrichtung Leistungen erbracht, für deren Gewährung überwiegend ein anderer örtlicher Träger zuständig ist, so hat der nach Absatz 1 zuständige Träger diesen Träger zu hören.

(3) $_{1}$Die kommunalen Spitzenverbände auf Landesebene und die Verbände der Träger der freien Jugendhilfe sowie die Vereinigungen sonstiger Leistungserbringer im jeweiligen Land können regionale oder landesweite Kommissionen bilden. $_{2}$Die Kommissionen können im Auftrag der Mitglieder der in Satz 1 genannten Verbände und Vereinigungen Vereinbarungen nach § 78b Absatz 1 schließen. $_{3}$Landesrecht kann die Beteiligung der für die Wahrnehmung der Aufgaben nach § 85 Absatz 2 Nummer 5 und 6 zuständigen Behörde vorsehen.

§ 78f Rahmenverträge

$_{1}$Die kommunalen Spitzenverbände auf Landesebene schließen mit den Verbänden der Träger der freien Jugendhilfe und den Vereinigungen sonstiger Leistungserbringer auf Landesebene Rahmenverträge über den Inhalt der Vereinbarungen nach § 78b Absatz 1. $_{2}$Die für die Wahrnehmung der Aufgaben nach § 85 Absatz 2 Nummer 5 und 6 zuständigen Behörden sind zu beteiligen.

§ 78g Schiedsstelle

(1) $_{1}$In den Ländern sind Schiedsstellen für Streit- und Konfliktfälle einzurichten. $_{2}$Sie sind mit einem unparteiischen Vorsitzenden und mit einer gleichen Zahl von Vertretern der Träger der öffentlichen Jugendhilfe sowie von Vertretern der Träger der Einrichtungen zu besetzen. $_{3}$Der Zeitaufwand der Mitglieder ist zu entschädigen, bare Auslagen sind zu erstatten. $_{4}$Für die Inanspruchnahme der Schiedsstellen können Gebühren erhoben werden.

(2) $_{1}$Kommt eine Vereinbarung nach § 78b Absatz 1 innerhalb von sechs Wochen nicht zustande, nachdem eine Partei schriftlich zu Verhandlungen aufgefordert hat, so entscheidet die Schiedsstelle auf Antrag einer Partei unverzüglich über die Gegenstände, über die keine Einigung erreicht werden konnte. $_{2}$Gegen die Entscheidung ist der Rechtsweg zu den Verwaltungsgerichten gegeben. $_{3}$Die Klage richtet sich gegen eine der beiden Vertragsparteien, nicht gegen die Schiedsstelle. $_{4}$Einer Nachprüfung der Entscheidung in einem Vorverfahren bedarf es nicht.

(3) $_{1}$Entscheidungen der Schiedsstelle treten zu dem darin bestimmten Zeitpunkt in Kraft. $_{2}$Wird ein Zeitpunkt für das Inkrafttreten nicht bestimmt, so werden die Festsetzungen der Schiedsstelle mit dem Tag wirksam, an dem der Antrag bei der Schiedsstelle eingegangen ist. $_{3}$Die Festsetzung einer Vergütung, die vor diesen Zeitpunkt zurückwirkt, ist nicht zulässig. $_{4}$Im Übrigen gilt § 78d Absatz 2 Satz 4 und Absatz 3 entsprechend.

(4) Die Landesregierungen werden ermächtigt, durch Rechtsverordnung das Nähere zu bestimmen über

1. die Errichtung der Schiedsstellen,
2. die Zahl, die Bestellung, die Amtsdauer und die Amtsführung ihrer Mitglieder,
3. die Erstattung der baren Auslagen und die Entschädigung für ihren Zeitaufwand,
4. die Geschäftsführung, das Verfahren, die Erhebung und die Höhe der Gebühren sowie die Verteilung der Kosten und
5. die Rechtsaufsicht.

Vierter Abschnitt Gesamtverantwortung, Jugendhilfeplanung

§ 79 Gesamtverantwortung, Grundausstattung

(1) Die Träger der öffentlichen Jugendhilfe haben für die Erfüllung der Aufgaben nach diesem Buch die Gesamtverantwortung einschließlich der Planungsverantwortung.

(2) $_1$Die Träger der öffentlichen Jugendhilfe sollen gewährleisten, dass zur Erfüllung der Aufgaben nach diesem Buch

1. die erforderlichen und geeigneten Einrichtungen, Dienste und Veranstaltungen den verschiedenen Grundrichtungen der Erziehung entsprechend rechtzeitig und ausreichend zur Verfügung stehen; hierzu zählen insbesondere auch Pfleger, Vormünder und Pflegepersonen;
2. eine kontinuierliche Qualitätsentwicklung nach Maßgabe von § 79a erfolgt.

$_2$Von den für die Jugendhilfe bereitgestellten Mitteln haben sie einen angemessenen Anteil für die Jugendarbeit zu verwenden.

(3) Die Träger der öffentlichen Jugendhilfe haben für eine ausreichende Ausstattung der Jugendämter und der Landesjugendämter zu sorgen; hierzu gehört auch eine dem Bedarf entsprechende Zahl von Fachkräften.

§ 79a Qualitätsentwicklung in der Kinder- und Jugendhilfe

$_1$Um die Aufgaben der Kinder- und Jugendhilfe nach § 2 zu erfüllen, haben die Träger der öffentlichen Jugendhilfe Grundsätze und Maßstäbe für die Bewertung der Qualität sowie geeignete Maßnahmen zu ihrer Gewährleistung für

1. die Gewährung und Erbringung von Leistungen,
2. die Erfüllung anderer Aufgaben,
3. den Prozess der Gefährdungseinschätzung nach § 8a,
4. die Zusammenarbeit mit anderen Institutionen

weiterzuentwickeln, anzuwenden und regelmäßig zu überprüfen. $_2$Dazu zählen auch Qualitätsmerkmale für die Sicherung der Rechte von Kindern und Jugendlichen in Einrichtungen und ihren Schutz vor Gewalt. $_3$Die Träger der öffentlichen Jugendhilfe orientieren sich dabei an den fachlichen Empfehlungen der nach § 85 Absatz 2 zuständigen Behörden und an bereits angewandten Grundsätzen und Maßstäben für die Bewertung der Qualität sowie Maßnahmen zu ihrer Gewährleistung.

§ 80 Jugendhilfeplanung

(1) Die Träger der öffentlichen Jugendhilfe haben im Rahmen ihrer Planungsverantwortung

1. den Bestand an Einrichtungen und Diensten festzustellen,
2. den Bedarf unter Berücksichtigung der Wünsche, Bedürfnisse und Interessen der jungen Menschen und der Personensorgeberechtigten für einen mittelfristigen Zeitraum zu ermitteln und
3. die zur Befriedigung des Bedarfs notwendigen Vorhaben rechtzeitig und ausreichend zu planen; dabei ist Vorsorge zu treffen, dass auch ein unvorhergesehener Bedarf befriedigt werden kann.

(2) Einrichtungen und Dienste sollen so geplant werden, dass insbesondere

1. Kontakte in der Familie und im sozialen Umfeld erhalten und gepflegt werden können,
2. ein möglichst wirksames, vielfältiges und aufeinander abgestimmtes Angebot von Jugendhilfeleistungen gewährleistet ist,
3. junge Menschen und Familien in gefährdeten Lebens- und Wohnbereichen besonders gefördert werden,

4. Mütter und Väter Aufgaben in der Familie und Erwerbstätigkeit besser miteinander vereinbaren können.

(3) 1Die Träger der öffentlichen Jugendhilfe haben die anerkannten Träger der freien Jugendhilfe in allen Phasen ihrer Planung frühzeitig zu beteiligen. 2Zu diesem Zwecke sind sie vom Jugendhilfeausschuss, soweit sie überörtlich tätig sind, im Rahmen der Jugendhilfeplanung des überörtlichen Trägers vom Landesjugendhilfeausschuss zu hören. 3Das Nähere regelt das Landesrecht.

(4) Die Träger der öffentlichen Jugendhilfe sollen darauf hinwirken, dass die Jugendhilfeplanung und andere örtliche und überörtliche Planungen aufeinander abgestimmt werden und die Planungen insgesamt den Bedürfnissen und Interessen der jungen Menschen und ihrer Familien Rechnung tragen.

§ 81 Strukturelle Zusammenarbeit mit anderen Stellen und öffentlichen Einrichtungen

Die Träger der öffentlichen Jugendhilfe haben mit anderen Stellen und öffentlichen Einrichtungen, deren Tätigkeit sich auf die Lebenssituation junger Menschen und ihrer Familien auswirkt, insbesondere mit

1. den Trägern von Sozialleistungen nach dem Zweiten, Dritten, Vierten, Fünften, Sechsten und dem Zwölften Buch sowie Trägern von Leistungen nach dem Bundesversorgungsgesetz,
2. den Familien- und Jugendgerichten, den Staatsanwaltschaften sowie den Justizvollzugsbehörden,
3. Schulen und Stellen der Schulverwaltung,
4. Einrichtungen und Stellen des öffentlichen Gesundheitsdienstes und sonstigen Einrichtungen und Diensten des Gesundheitswesens,
5. den Beratungsstellen nach den §§ 3 und 8 des Schwangerschaftskonfliktgesetzes und Suchtberatungsstellen,
6. Einrichtungen und Diensten zum Schutz gegen Gewalt in engen sozialen Beziehungen,
7. den Stellen der Bundesagentur für Arbeit,
8. Einrichtungen und Stellen der beruflichen Aus- und Weiterbildung,
9. den Polizei- und Ordnungsbehörden,
10. der Gewerbeaufsicht und
11. Einrichtungen der Ausbildung für Fachkräfte, der Weiterbildung und der Forschung

im Rahmen ihrer Aufgaben und Befugnisse zusammenzuarbeiten.

Sechstes Kapitel Zentrale Aufgaben

§ 82 Aufgaben der Länder

(1) Die oberste Landesjugendbehörde hat die Tätigkeit der Träger der öffentlichen und der freien Jugendhilfe und die Weiterentwicklung der Jugendhilfe anzuregen und zu fördern.

(2) Die Länder haben auf einen gleichmäßigen Ausbau der Einrichtungen und Angebote hinzuwirken und die Jugendämter und Landesjugendämter bei der Wahrnehmung ihrer Aufgaben zu unterstützen.

§ 83 Aufgaben des Bundes, Bundesjugendkuratorium

(1) 1Die fachlich zuständige oberste Bundesbehörde soll die Tätigkeit der Jugendhilfe anregen und fördern, soweit sie von überregionaler Bedeutung ist und ihrer Art nach nicht durch ein Land allein wirksam gefördert werden kann. 2Hierzu gehören auch die überregionalen Tätigkeiten der Jugendorganisationen der politischen Parteien auf dem Gebiet der Jugendarbeit.

(2) 1Die Bundesregierung wird in grundsätzlichen Fragen der Jugendhilfe von einem Sachverständigengremium (Bundesjugendkuratorium) beraten. 2Das Nähere regelt die Bundesregierung durch Verwaltungsvorschriften.

§ 84 Jugendbericht

(1) 1Die Bundesregierung legt dem Deutschen Bundestag und dem Bundesrat in jeder Legislaturperiode einen Bericht über die Lage junger Menschen und die Bestrebungen und Leistungen der Jugendhilfe vor. 2Neben der Bestandsaufnahme und Analyse sollen die Berichte Vorschläge zur Weiterentwicklung der Jugendhilfe enthalten; jeder dritte Bericht

soll einen Überblick über die Gesamtsituation der Jugendhilfe vermitteln.

(2) ₁Die Bundesregierung beauftragt mit der Ausarbeitung der Berichte jeweils eine Kommission, der mindestens sieben Sachverständige (Jugendberichtskommission) angehören. ₂Die Bundesregierung fügt eine Stellungnahme mit den von ihr für notwendig gehaltenen Folgerungen bei.

Siebtes Kapitel Zuständigkeit, Kostenerstattung

Erster Abschnitt Sachliche Zuständigkeit

§ 85 Sachliche Zuständigkeit

(1) Für die Gewährung von Leistungen und die Erfüllung anderer Aufgaben nach diesem Buch ist der örtliche Träger sachlich zuständig, soweit nicht der überörtliche Träger sachlich zuständig ist.

(2) Der überörtliche Träger ist sachlich zuständig für

1. die Beratung der örtlichen Träger und die Entwicklung von Empfehlungen zur Erfüllung der Aufgaben nach diesem Buch,
2. die Förderung der Zusammenarbeit zwischen den örtlichen Trägern und den anerkannten Trägern der freien Jugendhilfe, insbesondere bei der Planung und Sicherstellung eines bedarfsgerechten Angebots an Hilfen zur Erziehung, Eingliederungshilfen für seelisch behinderte Kinder und Jugendliche und Hilfen für junge Volljährige,
3. die Anregung und Förderung von Einrichtungen, Diensten und Veranstaltungen sowie deren Schaffung und Betrieb, soweit sie den örtlichen Bedarf übersteigen; dazu gehören insbesondere Einrichtungen, die eine Schul- oder Berufsausbildung anbieten, sowie Jugendbildungsstätten,
4. die Planung, Anregung, Förderung und Durchführung von Modellvorhaben zur Weiterentwicklung der Jugendhilfe,
5. die Beratung der örtlichen Träger bei der Gewährung von Hilfe nach den §§ 32 bis 35a, insbesondere bei der Auswahl einer Einrichtung oder der Vermittlung einer Pflegeperson in schwierigen Einzelfällen,
6. die Wahrnehmung der Aufgaben zum Schutz von Kindern und Jugendlichen in Einrichtungen (§§ 45 bis 48a),
7. die Beratung der Träger von Einrichtungen während der Planung und Betriebsführung,
8. die Fortbildung von Mitarbeitern in der Jugendhilfe,
9. die Gewährung von Leistungen an Deutsche im Ausland (§ 6 Absatz 3), soweit es sich nicht um die Fortsetzung einer bereits im Inland gewährten Leistung handelt,
10. die Erteilung der Erlaubnis zur Übernahme von Pflegschaften oder Vormundschaften durch einen rechtsfähigen Verein (§ 54).

(3) Für den örtlichen Bereich können die Aufgaben nach Absatz 2 Nummer 3, 4, 7 und 8 auch vom örtlichen Träger wahrgenommen werden.

(4) Unberührt bleiben die am Tage des Inkrafttretens dieses Gesetzes geltenden landesrechtlichen Regelungen, die die in den §§ 45 bis 48a bestimmten Aufgaben einschließlich der damit verbundenen Aufgaben nach Absatz 2 Nummer 2 bis 5 und 7 mittleren Landesbehörden oder, soweit sie sich auf Kindergärten und andere Tageseinrichtungen für Kinder beziehen, unteren Landesbehörden zuweisen.

(5) Ist das Land überörtlicher Träger, so können durch Landesrecht bis zum 30. Juni 1993 einzelne seiner Aufgaben auf andere Körperschaften des öffentlichen Rechts, die nicht Träger der öffentlichen Jugendhilfe sind, übertragen werden.

Zweiter Abschnitt Örtliche Zuständigkeit

Erster Unterabschnitt Örtliche Zuständigkeit für Leistungen

§ 86 Örtliche Zuständigkeit für Leistungen an Kinder, Jugendliche und ihre Eltern

(1) ₁Für die Gewährung von Leistungen nach diesem Buch ist der örtliche Träger zuständig,

3

in dessen Bereich die Eltern ihren gewöhnlichen Aufenthalt haben. 2An die Stelle der Eltern tritt die Mutter, wenn und solange die Vaterschaft nicht anerkannt oder gerichtlich festgestellt ist. 3Lebt nur ein Elternteil, so ist dessen gewöhnlicher Aufenthalt maßgebend.

(2) 1Haben die Elternteile verschiedene gewöhnliche Aufenthalte, so ist der örtliche Träger zuständig, in dessen Bereich der personensorgeberechtigte Elternteil seinen gewöhnlichen Aufenthalt hat; dies gilt auch dann, wenn ihm einzelne Angelegenheiten der Personensorge entzogen sind. 2Steht die Personensorge im Fall des Satzes 1 den Eltern gemeinsam zu, so richtet sich die Zuständigkeit nach dem gewöhnlichen Aufenthalt des Elternteils, bei dem das Kind oder der Jugendliche vor Beginn der Leistung zuletzt seinen gewöhnlichen Aufenthalt hatte. 3Hatte das Kind oder der Jugendliche im Fall des Satzes 2 zuletzt bei beiden Elternteilen seinen gewöhnlichen Aufenthalt, so richtet sich die Zuständigkeit nach dem gewöhnlichen Aufenthalt des Elternteils, bei dem das Kind oder der Jugendliche vor Beginn der Leistung zuletzt seinen tatsächlichen Aufenthalt hatte. 4Hatte das Kind oder der Jugendliche im Fall des Satzes 2 während der letzten sechs Monate vor Beginn der Leistung bei keinem Elternteil einen gewöhnlichen Aufenthalt, so ist der örtliche Träger zuständig, in dessen Bereich das Kind oder der Jugendliche vor Beginn der Leistung zuletzt seinen gewöhnlichen Aufenthalt hatte; hatte das Kind oder der Jugendliche während der letzten sechs Monate keinen gewöhnlichen Aufenthalt, so richtet sich die Zuständigkeit nach dem tatsächlichen Aufenthalt des Kindes oder des Jugendlichen vor Beginn der Leistung.

(3) Haben die Elternteile verschiedene gewöhnliche Aufenthalte und steht die Personensorge keinem Elternteil zu, so gilt Absatz 2 Satz 2 und 4 entsprechend.

(4) 1Haben die Eltern oder der nach den Absätzen 1 bis 3 maßgebliche Elternteil im Inland keinen gewöhnlichen Aufenthalt, oder ist ein gewöhnlicher Aufenthalt nicht feststellbar, oder sind sie verstorben, so richtet sich die Zuständigkeit nach dem gewöhnlichen Aufenthalt des Kindes oder des Jugendlichen vor Beginn der Leistung. 2Hatte das Kind oder der Jugendliche während der letzten sechs Monate vor Beginn der Leistung keinen gewöhnlichen Aufenthalt, so ist der örtliche Träger zuständig, in dessen Bereich sich das Kind oder der Jugendliche vor Beginn der Leistung tatsächlich aufhält.

(5) 1Begründen die Elternteile nach Beginn der Leistung verschiedene gewöhnliche Aufenthalte, so wird der örtliche Träger zuständig, in dessen Bereich der personensorgeberechtigte Elternteil seinen gewöhnlichen Aufenthalt hat; dies gilt auch dann, wenn ihm einzelne Angelegenheiten der Personensorge entzogen sind. 2Solange in diesen Fällen die Personensorge beiden Elternteilen gemeinsam oder keinem Elternteil zusteht, bleibt die bisherige Zuständigkeit bestehen. 3Absatz 4 gilt entsprechend.

(6) 1Lebt ein Kind oder ein Jugendlicher zwei Jahre bei einer Pflegeperson und ist sein Verbleib bei dieser Pflegeperson auf Dauer zu erwarten, so ist oder wird abweichend von den Absätzen 1 bis 5 der örtliche Träger zuständig, in dessen Bereich die Pflegeperson ihren gewöhnlichen Aufenthalt hat. 2Er hat die Eltern und, falls den Eltern die Personensorge nicht oder nur teilweise zusteht, den Personensorgeberechtigten über den Wechsel der Zuständigkeit zu unterrichten. 3Endet der Aufenthalt bei der Pflegeperson, so endet die Zuständigkeit nach Satz 1.

(7) 1Für Leistungen an Kinder oder Jugendliche, die um Asyl nachsuchen oder einen Asylantrag gestellt haben, ist der örtliche Träger zuständig, in dessen Bereich sich die Person vor Beginn der Leistung tatsächlich aufhält; geht der Leistungsgewährung eine Inobhutnahme voraus, so bleibt die nach § 87 begründete Zuständigkeit bestehen. 2Unterliegt die Person einem Verteilungsverfahren, so richtet sich die örtliche Zuständigkeit nach der Zuweisungsentscheidung der zuständigen Landesbehörde; bis zur Zuweisungsentscheidung gilt Satz 1 entsprechend. 3Die nach Satz 1 oder 2 begründete örtliche Zuständigkeit bleibt auch nach Abschluss des Asylverfahrens so lange bestehen, bis die für die Bestimmung der örtlichen Zuständigkeit maßgebliche Person einen gewöhnlichen Aufenthalt im Bereich eines anderen Trägers

der öffentlichen Jugendhilfe begründet. $_{4}$Eine Unterbrechung der Leistung von bis zu drei Monaten bleibt außer Betracht.

§ 86a Örtliche Zuständigkeit für Leistungen an junge Volljährige

(1) Für Leistungen an junge Volljährige ist der örtliche Träger zuständig, in dessen Bereich der junge Volljährige vor Beginn der Leistung seinen gewöhnlichen Aufenthalt hat.

(2) Hält sich der junge Volljährige in einer Einrichtung oder sonstigen Wohnform auf, die der Erziehung, Pflege, Betreuung, Behandlung oder dem Strafvollzug dient, so richtet sich die örtliche Zuständigkeit nach dem gewöhnlichen Aufenthalt vor der Aufnahme in eine Einrichtung oder sonstige Wohnform.

(3) Hat der junge Volljährige keinen gewöhnlichen Aufenthalt, so richtet sich die Zuständigkeit nach seinem tatsächlichen Aufenthalt zu dem in Absatz 1 genannten Zeitpunkt; Absatz 2 bleibt unberührt.

(4) $_{1}$Wird eine Leistung nach § 13 Absatz 3 oder nach § 21 über die Vollendung des 18. Lebensjahres hinaus weitergeführt oder geht der Hilfe für junge Volljährige nach § 41 eine dieser Leistungen, eine Leistung nach § 19 oder eine Hilfe nach den §§ 27 bis 35a voraus, so bleibt der örtliche Träger zuständig, der bis zu diesem Zeitpunkt zuständig war. $_{2}$Eine Unterbrechung der Hilfeleistung von bis zu drei Monaten bleibt dabei außer Betracht. $_{3}$Die Sätze 1 und 2 gelten entsprechend, wenn eine Hilfe für junge Volljährige nach § 41 beendet war und innerhalb von drei Monaten erneut Hilfe für junge Volljährige nach § 41 erforderlich wird.

§ 86b Örtliche Zuständigkeit für Leistungen in gemeinsamen Wohnformen für Mütter/Väter und Kinder

(1) $_{1}$Für Leistungen in gemeinsamen Wohnformen für Mütter oder Väter und Kinder ist der örtliche Träger zuständig, in dessen Bereich der nach § 19 Leistungsberechtigte vor Beginn der Leistung seinen gewöhnlichen Aufenthalt hat. $_{2}$§ 86a Absatz 2 gilt entsprechend.

(2) Hat der Leistungsberechtigte keinen gewöhnlichen Aufenthalt, so richtet sich die Zuständigkeit nach seinem tatsächlichen Aufenthalt zu dem in Absatz 1 genannten Zeitpunkt.

(3) $_{1}$Geht der Leistung Hilfe nach den §§ 27 bis 35a oder eine Leistung nach § 13 Absatz 3, § 21 oder § 41 voraus, so bleibt der örtliche Träger zuständig, der bisher zuständig war. $_{2}$Eine Unterbrechung der Hilfeleistung von bis zu drei Monaten bleibt dabei außer Betracht.

§ 86c Fortdauernde Leistungsverpflichtung und Fallübergabe bei Zuständigkeitswechsel

(1) $_{1}$Wechselt die örtliche Zuständigkeit für eine Leistung, so bleibt der bisher zuständige örtliche Träger so lange zur Gewährung der Leistung verpflichtet, bis der nunmehr zuständige örtliche Träger die Leistung fortsetzt. $_{2}$Dieser hat dafür Sorge zu tragen, dass der Hilfeprozess und die im Rahmen der Hilfeplanung vereinbarten Hilfeziele durch den Zuständigkeitswechsel nicht gefährdet werden.

(2) $_{1}$Der örtliche Träger, der von den Umständen Kenntnis erhält, die den Wechsel der Zuständigkeit begründen, hat den anderen davon unverzüglich zu unterrichten. $_{2}$Der bisher zuständige örtliche Träger hat dem nunmehr zuständigen örtlichen Träger unverzüglich die für die Hilfegewährung sowie den Zuständigkeitswechsel maßgeblichen Sozialdaten zu übermitteln. $_{3}$Bei der Fortsetzung von Leistungen, die der Hilfeplanung nach § 36 Absatz 2 unterliegen, ist die Fallverantwortung im Rahmen eines Gespräches zu übergeben. $_{4}$Die Personensorgeberechtigten und das Kind oder der Jugendliche sowie der junge Volljährige oder der Leistungsberechtigte nach § 19 sind an der Übergabe angemessen zu beteiligen.

§ 86d Verpflichtung zum vorläufigen Tätigwerden

Steht die örtliche Zuständigkeit nicht fest oder wird der zuständige örtliche Träger nicht tätig, so ist der örtliche Träger vorläufig zum Tätigwerden verpflichtet, in dessen Bereich sich das Kind oder der Jugendliche, der junge

Volljährige oder bei Leistungen nach § 19 der Leistungsberechtigte vor Beginn der Leistung tatsächlich aufhält.

Zweiter Unterabschnitt Örtliche Zuständigkeit für andere Aufgaben

§ 87 Örtliche Zuständigkeit für vorläufige Maßnahmen zum Schutz von Kindern und Jugendlichen

3

1Für die Inobhutnahme eines Kindes oder eines Jugendlichen (§ 42) ist der örtliche Träger zuständig, in dessen Bereich sich das Kind oder der Jugendliche vor Beginn der Maßnahme tatsächlich aufhält. 2Die örtliche Zuständigkeit für die Inobhutnahme eines unbegleiteten ausländischen Kindes oder Jugendlichen richtet sich nach § 88a Absatz 2.

§ 87a Örtliche Zuständigkeit für Erlaubnis, Meldepflichten und Untersagung

(1) Für die Erteilung der Pflegeerlaubnis sowie deren Rücknahme oder Widerruf (§§ 43, 44) ist der örtliche Träger zuständig, in dessen Bereich die Pflegeperson ihren gewöhnlichen Aufenthalt hat.

(2) Für die Erteilung der Erlaubnis zum Betrieb einer Einrichtung oder einer selbständigen sonstigen Wohnform sowie für die Rücknahme oder den Widerruf dieser Erlaubnis (§ 45 Absatz 1 und 2, § 48a), die örtliche Prüfung (§§ 46, 48a), die Entgegennahme von Meldungen (§ 47 Absatz 1 und 2, § 48a) und die Ausnahme von der Meldepflicht (§ 47 Absatz 3, § 48a) sowie die Untersagung der weiteren Beschäftigung des Leiters oder eines Mitarbeiters (§§ 48, 48a) ist der überörtliche Träger oder die nach Landesrecht bestimmte Behörde zuständig, in dessen oder deren Bereich die Einrichtung oder die sonstige Wohnform gelegen ist.

(3) Für die Mitwirkung an der örtlichen Prüfung (§§ 46, 48a) ist der örtliche Träger zuständig, in dessen Bereich die Einrichtung oder die selbständige sonstige Wohnform gelegen ist.

§ 87b Örtliche Zuständigkeit für die Mitwirkung in gerichtlichen Verfahren

(1) 1Für die Zuständigkeit des Jugendamts zur Mitwirkung in gerichtlichen Verfahren (§§ 50 bis 52) gilt § 86 Absatz 1 bis 4 entsprechend. 2Für die Mitwirkung im Verfahren nach dem Jugendgerichtsgesetz gegen einen jungen Menschen, der zu Beginn des Verfahrens das 18. Lebensjahr vollendet hat, gilt § 86a Absatz 1 und 3 entsprechend.

(2) 1Die nach Absatz 1 begründete Zuständigkeit bleibt bis zum Abschluss des Verfahrens bestehen. 2Hat ein Jugendlicher oder ein junger Volljähriger in einem Verfahren nach dem Jugendgerichtsgesetz die letzten sechs Monate vor Abschluss des Verfahrens in einer Justizvollzugsanstalt verbracht, so dauert die Zuständigkeit auch nach der Entlassung aus der Anstalt so lange fort, bis der Jugendliche oder junge Volljährige einen neuen gewöhnlichen Aufenthalt begründet hat, längstens aber bis zum Ablauf von sechs Monaten nach dem Entlassungszeitpunkt.

(3) Steht die örtliche Zuständigkeit nicht fest oder wird der zuständige örtliche Träger nicht tätig, so gilt § 86d entsprechend.

§ 87c Örtliche Zuständigkeit für die Beistandschaft, die Amtspflegschaft, die Amtsvormundschaft und die Bescheinigung nach § 58a

(1) 1Für die Vormundschaft nach § 1791c des Bürgerlichen Gesetzbuchs ist das Jugendamt zuständig, in dessen Bereich die Mutter ihren gewöhnlichen Aufenthalt hat. 2Wurde die Vaterschaft nach § 1592 Nummer 1 oder 2 des Bürgerlichen Gesetzbuchs durch Anfechtung beseitigt, so ist der gewöhnliche Aufenthalt der Mutter zu dem Zeitpunkt maßgeblich, zu dem die Entscheidung rechtskräftig wird. 3Ist ein gewöhnlicher Aufenthalt der Mutter nicht festzustellen, so richtet sich die örtliche Zuständigkeit nach ihrem tatsächlichen Aufenthalt.

(2) 1Sobald die Mutter ihren gewöhnlichen Aufenthalt im Bereich eines anderen Jugendamts nimmt, hat das die Amtsvormundschaft führende Jugendamt bei dem Jugendamt des anderen Bereichs die Weiterführung der

Amtsvormundschaft zu beantragen; der Antrag kann auch von dem anderen Jugendamt, von jedem Elternteil und von jedem, der ein berechtigtes Interesse des Kindes oder des Jugendlichen geltend macht, bei dem die Amtsvormundschaft führenden Jugendamt gestellt werden. 2Die Vormundschaft geht mit der Erklärung des anderen Jugendamts auf dieses über. 3Das abgebende Jugendamt hat den Übergang dem Familiengericht und jedem Elternteil unverzüglich mitzuteilen. 4Gegen die Ablehnung des Antrags kann das Familiengericht angerufen werden.

(3) 1Für die Pflegschaft oder Vormundschaft, die durch Bestellung des Familiengerichts eintritt, ist das Jugendamt zuständig, in dessen Bereich das Kind oder der Jugendliche seinen gewöhnlichen Aufenthalt hat. 2Hat das Kind oder der Jugendliche keinen gewöhnlichen Aufenthalt, so richtet sich die Zuständigkeit nach seinem tatsächlichen Aufenthalt zum Zeitpunkt der Bestellung. 3Sobald das Kind oder der Jugendliche seinen gewöhnlichen Aufenthalt wechselt oder im Fall des Satzes 2 das Wohl des Kindes oder Jugendlichen es erfordert, hat das Jugendamt beim Familiengericht einen Antrag auf Entlassung zu stellen. 4Die Sätze 1 bis 3 gelten für die Gegenvormundschaft des Jugendamts entsprechend.

(4) Für die Vormundschaft, die im Rahmen des Verfahrens zur Annahme als Kind eintritt, ist das Jugendamt zuständig, in dessen Bereich die annehmende Person ihren gewöhnlichen Aufenthalt hat.

(5) 1Für die Beratung und Unterstützung nach § 52a sowie für die Beistandschaft gilt Absatz 1 Satz 1 und 3 entsprechend. 2Sobald der allein sorgeberechtigte Elternteil seinen gewöhnlichen Aufenthalt im Bereich eines anderen Jugendamts nimmt, hat das die Beistandschaft führende Jugendamt bei dem Jugendamt des anderen Bereichs die Weiterführung der Beistandschaft zu beantragen; Absatz 2 Satz 2 und § 86c gelten entsprechend.

(6) 1Für die Erteilung der Bescheinigung nach § 58a Absatz 2 gilt Absatz 1 entsprechend. 2Die Mitteilungen nach § 1626d Absatz 2 des Bürgerlichen Gesetzbuchs, die Mitteilungen nach § 155a Absatz 3 Satz 3 und Absatz 5 Satz 2 des Gesetzes über das Verfahren in Familiensachen und in den Angelegenheiten der freiwilligen Gerichtsbarkeit sowie die Mitteilungen nach § 50 Absatz 3 sind an das für den Geburtsort des Kindes oder des Jugendlichen zuständige Jugendamt zu richten; § 88 Absatz 1 Satz 2 gilt entsprechend. 3Das nach Satz 2 zuständige Jugendamt teilt auf Ersuchen dem nach Satz 1 zuständigen Jugendamt mit, ob Eintragungen im Sorgeregister vorliegen.

§ 87d Örtliche Zuständigkeit für weitere Aufgaben im Vormundschaftswesen

(1) Für die Wahrnehmung der Aufgaben nach § 53 ist der örtliche Träger zuständig, in dessen Bereich der Pfleger oder Vormund seinen gewöhnlichen Aufenthalt hat.

(2) Für die Erteilung der Erlaubnis zur Übernahme von Pflegschaften oder Vormundschaften durch einen rechtsfähigen Verein (§ 54) ist der überörtliche Träger zuständig, in dessen Bereich der Verein seinen Sitz hat.

§ 87e Örtliche Zuständigkeit für Beurkundung und Beglaubigung

Für Beurkundungen und Beglaubigungen nach § 59 ist die Urkundsperson bei jedem Jugendamt zuständig.

Dritter Unterabschnitt Örtliche Zuständigkeit bei Aufenthalt im Ausland

§ 88 Örtliche Zuständigkeit bei Aufenthalt im Ausland

(1) 1Für die Gewährung von Leistungen der Jugendhilfe im Ausland ist der überörtliche Träger zuständig, in dessen Bereich der junge Mensch geboren ist. 2Liegt der Geburtsort im Ausland oder ist er nicht zu ermitteln, so ist das Land Berlin zuständig.

(2) Wurden bereits vor der Ausreise Leistungen der Jugendhilfe gewährt, so bleibt der örtliche Träger zuständig, der bisher tätig geworden ist; eine Unterbrechung der Hilfeleistung von bis zu drei Monaten bleibt dabei außer Betracht.

Vierter Unterabschnitt
Örtliche Zuständigkeit für vorläufige Maßnahmen, Leistungen und die Amtsvormundschaft für unbegleitete ausländische Kinder und Jugendliche

§ 88a Örtliche Zuständigkeit für vorläufige Maßnahmen, Leistungen und die Amtsvormundschaft für unbegleitete ausländische Kinder und Jugendliche

(1) Für die vorläufige Inobhutnahme eines unbegleiteten ausländischen Kindes oder Jugendlichen (§ 42a) ist der örtliche Träger zuständig, in dessen Bereich sich das Kind oder der Jugendliche vor Beginn der Maßnahme tatsächlich aufhält, soweit Landesrecht nichts anderes regelt.

(2) 1Die örtliche Zuständigkeit für die Inobhutnahme eines unbegleiteten ausländischen Kindes oder Jugendlichen (§ 42) richtet sich nach der Zuweisungsentscheidung gemäß § 42b Absatz 3 Satz 1 der nach Landesrecht für die Verteilung von unbegleiteten ausländischen Kindern oder Jugendlichen zuständigen Stelle. 2Ist die Verteilung nach § 42b Absatz 4 ausgeschlossen, so bleibt die nach Absatz 1 begründete Zuständigkeit bestehen. 3Ein anderer Träger kann aus Gründen des Kindeswohls oder aus sonstigen humanitären Gründen von vergleichbarem Gewicht die örtliche Zuständigkeit von dem zuständigen Träger übernehmen.

(3) 1Für Leistungen an unbegleitete ausländische Kinder oder Jugendliche ist der örtliche Träger zuständig, in dessen Bereich sich die Person vor Beginn der Leistung tatsächlich aufhält. 2Geht der Leistungsgewährung eine Inobhutnahme voraus, so bleibt die nach Absatz 2 begründete Zuständigkeit bestehen, soweit Landesrecht nichts anderes regelt.

(4) Die örtliche Zuständigkeit für die Vormundschaft oder Pflegschaft, die für unbegleitete ausländische Kinder oder Jugendliche durch Bestellung des Familiengerichts eintritt, richtet sich während

1. der vorläufigen Inobhutnahme (§ 42a) nach Absatz 1,
2. der Inobhutnahme (§ 42) nach Absatz 2 und
3. der Leistungsgewährung nach Absatz 3.

Dritter Abschnitt
Kostenerstattung

§ 89 Kostenerstattung bei fehlendem gewöhnlichen Aufenthalt

Ist für die örtliche Zuständigkeit nach den §§ 86, 86a oder 86b der tatsächliche Aufenthalt maßgeblich, so sind die Kosten, die ein örtlicher Träger aufgewendet hat, von dem überörtlichen Träger zu erstatten, zu dessen Bereich der örtliche Träger gehört.

§ 89a Kostenerstattung bei fortdauernder Vollzeitpflege

(1) 1Kosten, die ein örtlicher Träger aufgrund einer Zuständigkeit nach § 86 Absatz 6 aufgewendet hat, sind von dem örtlichen Träger zu erstatten, der zuvor zuständig war oder gewesen wäre. 2Die Kostenerstattungspflicht bleibt bestehen, wenn die Pflegeperson ihren gewöhnlichen Aufenthalt ändert oder wenn die Leistung über die Volljährigkeit hinaus nach § 41 fortgesetzt wird.

(2) Hat oder hätte der nach Absatz 1 kostenerstattungspflichtig werdende örtliche Träger während der Gewährung einer Leistung selbst einen Kostenerstattungsanspruch gegen einen anderen örtlichen oder den überörtlichen Träger, so bleibt oder wird abweichend von Absatz 1 dieser Träger dem nunmehr nach § 86 Absatz 6 zuständig gewordenen örtlichen Träger kostenerstattungspflichtig.

(3) Ändert sich während der Gewährung der Leistung nach Absatz 1 der für die örtliche Zuständigkeit nach § 86 Absatz 1 bis 5 maßgebliche gewöhnliche Aufenthalt, so wird der örtliche Träger kostenerstattungspflichtig, der ohne Anwendung des § 86 Absatz 6 örtlich zuständig geworden wäre.

§ 89b Kostenerstattung bei vorläufigen Maßnahmen zum Schutz von Kindern und Jugendlichen

(1) Kosten, die ein örtlicher Träger im Rahmen der Inobhutnahme von Kindern und Jugendlichen (§ 42) aufgewendet hat, sind von dem örtlichen Träger zu erstatten, dessen Zuständigkeit durch den gewöhnlichen Aufenthalt nach § 86 begründet wird.

(2) Ist ein kostenerstattungspflichtiger örtlicher Träger nicht vorhanden, so sind die Kosten von dem überörtlichen Träger zu erstatten, zu dessen Bereich der örtliche Träger gehört.

(3) Eine nach Absatz 1 oder 2 begründete Pflicht zur Kostenerstattung bleibt bestehen, wenn und solange nach der Inobhutnahme Leistungen auf Grund einer Zuständigkeit nach § 86 Absatz 7 Satz 1 Halbsatz 2 gewährt werden.

§ 89c Kostenerstattung bei fortdauernder oder vorläufiger Leistungsverpflichtung

(1) 1Kosten, die ein örtlicher Träger im Rahmen seiner Verpflichtung nach § 86c aufgewendet hat, sind von dem örtlichen Träger zu erstatten, der nach dem Wechsel der örtlichen Zuständigkeit zuständig geworden ist. 2Kosten, die ein örtlicher Träger im Rahmen seiner Verpflichtung nach § 86d aufgewendet hat, sind von dem örtlichen Träger zu erstatten, dessen Zuständigkeit durch den gewöhnlichen Aufenthalt nach §§ 86, 86a und 86b begründet wird.

(2) Hat der örtliche Träger die Kosten deshalb aufgewendet, weil der zuständige örtliche Träger pflichtwidrig gehandelt hat, so hat dieser zusätzlich einen Betrag in Höhe eines Drittels der Kosten, mindestens jedoch 50 Euro, zu erstatten.

(3) Ist ein kostenerstattungspflichtiger örtlicher Träger nicht vorhanden, so sind die Kosten vom überörtlichen Träger zu erstatten, zu dessen Bereich der örtliche Träger gehört, der nach Absatz 1 tätig geworden ist.

§ 89d Kostenerstattung bei Gewährung von Jugendhilfe nach der Einreise

(1) 1Kosten, die ein örtlicher Träger aufwendet, sind vom Land zu erstatten, wenn

1. innerhalb eines Monats nach der Einreise eines jungen Menschen oder eines Leistungsberechtigten nach § 19 Jugendhilfe gewährt wird und
2. sich die örtliche Zuständigkeit nach dem tatsächlichen Aufenthalt dieser Person oder nach der Zuweisungsentscheidung der zuständigen Landesbehörde richtet.

2Als Tag der Einreise gilt der Tag des Grenzübertritts, sofern dieser amtlich festgestellt wurde, oder der Tag, an dem der Aufenthalt im Inland erstmals festgestellt wurde, andernfalls der Tag der ersten Vorsprache bei einem Jugendamt. 3Die Erstattungspflicht nach Satz 1 bleibt unberührt, wenn die Person um Asyl nachsucht oder einen Asylantrag stellt.

(2) Ist die Person im Inland geboren, so ist das Land erstattungspflichtig, in dessen Bereich die Person geboren ist.

(3) 1Ist die Person im Ausland geboren, so wird das erstattungspflichtige Land auf der Grundlage eines Belastungsvergleichs vom Bundesverwaltungsamt bestimmt. 2Maßgeblich ist die Belastung, die sich durch die Erstattung von Kosten nach dieser Vorschrift ergeben hat.

(4) Die Verpflichtung zur Erstattung der aufgewendeten Kosten entfällt, wenn inzwischen für einen zusammenhängenden Zeitraum von drei Monaten Jugendhilfe nicht zu gewähren war.

(5) Kostenerstattungsansprüche nach den Absätzen 1 bis 3 gehen Ansprüchen nach den §§ 89 bis 89c und § 89e vor.

§ 89e Schutz der Einrichtungsorte

(1) 1Richtet sich die Zuständigkeit nach dem gewöhnlichen Aufenthalt der Eltern, eines Elternteils, des Kindes oder des Jugendlichen und ist dieser in einer Einrichtung, einer anderen Familie oder sonstigen Wohnform begründet worden, die der Erziehung, Pflege, Betreuung, Behandlung oder dem Strafvollzug dient, so ist der örtliche Träger zur Erstattung der Kosten verpflichtet, in dessen Bereich die Person vor der Aufnahme in eine Einrichtung, eine andere Familie oder sonstige Wohnform den gewöhnlichen Aufenthalt hatte. 2Eine nach Satz 1 begründete Erstattungspflicht bleibt bestehen, wenn und solange sich die örtliche Zuständigkeit nach § 86a Absatz 4 und § 86b Absatz 3 richtet.

(2) Ist ein kostenerstattungspflichtiger örtlicher Träger nicht vorhanden, so sind die Kosten von dem überörtlichen Träger zu erstatten, zu dessen Bereich der erstattungsberechtigte örtliche Träger gehört.

§ 89f Umfang der Kostenerstattung

(1) $_1$Die aufgewendeten Kosten sind zu erstatten, soweit die Erfüllung der Aufgaben den Vorschriften dieses Buches entspricht. $_2$Dabei gelten die Grundsätze, die im Bereich des tätig gewordenen örtlichen Trägers zur Zeit des Tätigwerdens angewandt werden.

(2) $_1$Kosten unter 1000 Euro werden nur bei vorläufigen Maßnahmen zum Schutz von Kindern und Jugendlichen (§ 89b), bei fortdauernder oder vorläufiger Leistungsverpflichtung (§ 89c) und bei Gewährung von Jugendhilfe nach der Einreise (§ 89d) erstattet. $_2$Verzugszinsen können nicht verlangt werden.

§ 89g Landesrechtsvorbehalt

Durch Landesrecht können die Aufgaben des Landes und des überörtlichen Trägers nach diesem Abschnitt auf andere Körperschaften des öffentlichen Rechts übertragen werden.

§ 89h Übergangsvorschrift

(1) Für die Erstattung von Kosten für Maßnahmen der Jugendhilfe nach der Einreise gemäß § 89d, die vor dem 1. Juli 1998 begonnen haben, gilt die nachfolgende Übergangsvorschrift.

(2) $_1$Kosten, für deren Erstattung das Bundesverwaltungsamt vor dem 1. Juli 1998 einen erstattungspflichtigen überörtlichen Träger bestimmt hat, sind nach den bis zu diesem Zeitpunkt geltenden Vorschriften zu erstatten. $_2$Erfolgt die Bestimmung nach dem 30. Juni 1998, so sind § 86 Absatz 7, § 89b Absatz 3, die §§ 89d und 89g in der ab dem 1. Juli 1998 geltenden Fassung anzuwenden.

Achtes Kapitel
Kostenbeteiligung

Erster Abschnitt
Pauschalierte Kostenbeteiligung

§ 90 Pauschalierte Kostenbeteiligung

(1) $_1$Für die Inanspruchnahme von Angeboten

1. der Jugendarbeit nach § 11,
2. der allgemeinen Förderung der Erziehung in der Familie nach § 16 Absatz 1, Absatz 2 Nummer 1 und 3 und
3. der Förderung von Kindern in Tageseinrichtungen und Kindertagespflege nach den §§ 22 bis 24

können Kostenbeiträge festgesetzt werden. $_2$Soweit Landesrecht nichts anderes bestimmt, sind Kostenbeiträge, die für die Inanspruchnahme von Tageseinrichtungen und von Kindertagespflege zu entrichten sind, zu staffeln. $_3$Als Kriterien können insbesondere das Einkommen, die Anzahl der kindergeldberechtigten Kinder in der Familie und die tägliche Betreuungszeit berücksichtigt werden. $_4$Werden die Kostenbeiträge nach dem Einkommen berechnet, bleibt die Eigenheimzulage nach dem Eigenheimzulagengesetz außer Betracht.

(2) $_1$In den Fällen des Absatzes 1 Nummer 1 und 2 kann der Kostenbeitrag auf Antrag ganz oder teilweise erlassen oder ein Teilnahmebeitrag auf Antrag ganz oder teilweise vom Träger der öffentlichen Jugendhilfe übernommen werden, wenn

1. die Belastung
   a) dem Kind oder dem Jugendlichen und seinen Eltern oder
   b) dem jungen Volljährigen

   nicht zuzumuten ist und
2. die Förderung für die Entwicklung des jungen Menschen erforderlich ist.

$_2$Lebt das Kind oder der Jugendliche nur mit einem Elternteil zusammen, so tritt dieser an die Stelle der Eltern.

(3) $_1$Im Fall des Absatzes 1 Nummer 3 soll der Kostenbeitrag auf Antrag ganz oder teilweise erlassen oder ein Teilnahmebeitrag auf Antrag ganz oder teilweise vom Träger der öffentlichen Jugendhilfe übernommen werden, wenn die Belastung den Eltern und dem Kind nicht zuzumuten ist. $_2$Absatz 2 Satz 2 gilt entsprechend.

(4) $_1$Für die Feststellung der zumutbaren Belastung gelten die §§ 82 bis 85, 87, 88 und 92a des Zwölften Buches entsprechend, soweit nicht Landesrecht eine andere Regelung trifft. $_2$Bei der Einkommensberechnung bleibt die Eigenheimzulage nach dem Eigenheimzulagengesetz außer Betracht.

Zweiter Abschnitt
Kostenbeiträge für stationäre und teilstationäre Leistungen sowie vorläufige Maßnahmen

§ 91 Anwendungsbereich

(1) Zu folgenden vollstationären Leistungen und vorläufigen Maßnahmen werden Kostenbeiträge erhoben:

1. der Unterkunft junger Menschen in einer sozialpädagogisch begleiteten Wohnform (§ 13 Absatz 3),
2. der Betreuung von Müttern oder Vätern und Kindern in gemeinsamen Wohnformen (§ 19),
3. der Betreuung und Versorgung von Kindern in Notsituationen (§ 20),
4. der Unterstützung bei notwendiger Unterbringung junger Menschen zur Erfüllung der Schulpflicht und zum Abschluss der Schulausbildung (§ 21),
5. der Hilfe zur Erziehung
   a) in Vollzeitpflege (§ 33),
   b) in einem Heim oder einer sonstigen betreuten Wohnform (§ 34),
   c) in intensiver sozialpädagogischer Einzelbetreuung (§ 35), sofern sie außerhalb des Elternhauses erfolgt,
   d) auf der Grundlage von § 27 in stationärer Form,
6. der Eingliederungshilfe für seelisch behinderte Kinder und Jugendliche durch geeignete Pflegepersonen sowie in Einrichtungen über Tag und Nacht und in sonstigen Wohnformen (§ 35a Absatz 2 Nummer 3 und 4),
7. der Inobhutnahme von Kindern und Jugendlichen (§ 42),
8. der Hilfe für junge Volljährige, soweit sie den in den Nummern 5 und 6 genannten Leistungen entspricht (§ 41).

(2) Zu folgenden teilstationären Leistungen werden Kostenbeiträge erhoben:

1. der Betreuung und Versorgung von Kindern in Notsituationen nach § 20,
2. Hilfe zur Erziehung in einer Tagesgruppe nach § 32 und anderen teilstationären Leistungen nach § 27,
3. Eingliederungshilfe für seelisch behinderte Kinder und Jugendliche in Tageseinrichtungen und anderen teilstationären Einrichtungen nach § 35a Absatz 2 Nummer 2 und
4. Hilfe für junge Volljährige, soweit sie den in den Nummern 2 und 3 genannten Leistungen entspricht (§ 41).

(3) Die Kosten umfassen auch die Aufwendungen für den notwendigen Unterhalt und die Krankenhilfe.

(4) Verwaltungskosten bleiben außer Betracht.

(5) Die Träger der öffentlichen Jugendhilfe tragen die Kosten der in den Absätzen 1 und 2 genannten Leistungen unabhängig von der Erhebung eines Kostenbeitrags.

§ 92 Ausgestaltung der Heranziehung

(1) Aus ihrem Einkommen nach Maßgabe der §§ 93 und 94 heranzuziehen sind:

1. Kinder und Jugendliche zu den Kosten der in § 91 Absatz 1 Nummer 1 bis 7 genannten Leistungen und vorläufigen Maßnahmen,
2. junge Volljährige zu den Kosten der in § 91 Absatz 1 Nummer 1, 4 und 8 genannten Leistungen,
3. Leistungsberechtigte nach § 19 zu den Kosten der in § 91 Absatz 1 Nummer 2 genannten Leistungen,
4. Ehegatten und Lebenspartner junger Menschen und Leistungsberechtigter nach § 19 zu den Kosten der in § 91 Absatz 1 und 2 genannten Leistungen und vorläufigen Maßnahmen,
5. Elternteile zu den Kosten der in § 91 Absatz 1 genannten Leistungen und vorläufigen Maßnahmen; leben sie mit dem jungen Menschen zusammen, so werden sie auch zu den Kosten der in § 91 Absatz 2 genannten Leistungen herangezogen.

(1a) Zu den Kosten vollstationärer Leistungen sind junge Volljährige und volljährige Leistungsberechtigte nach § 19 zusätzlich aus ihrem Vermögen nach Maßgabe der §§ 90 und 91 des Zwölften Buches heranzuziehen.

(2) Die Heranziehung erfolgt durch Erhebung eines Kostenbeitrags, der durch Leistungsbe-

scheid festgesetzt wird; Elternteile werden getrennt herangezogen.

(3) $_{1}$Ein Kostenbeitrag kann bei Eltern, Ehegatten und Lebenspartnern ab dem Zeitpunkt erhoben werden, ab welchem dem Pflichtigen die Gewährung der Leistung mitgeteilt und er über die Folgen für seine Unterhaltspflicht gegenüber dem jungen Menschen aufgeklärt wurde. $_{2}$Ohne vorherige Mitteilung kann ein Kostenbeitrag für den Zeitraum erhoben werden, in welchem der Träger der öffentlichen Jugendhilfe aus rechtlichen oder tatsächlichen Gründen, die in den Verantwortungsbereich des Pflichtigen fallen, an der Geltendmachung gehindert war. $_{3}$Entfallen diese Gründe, ist der Pflichtige unverzüglich zu unterrichten.

(4) $_{1}$Ein Kostenbeitrag kann nur erhoben werden, soweit Unterhaltsansprüche vorrangig oder gleichrangig Berechtigter nicht geschmälert werden. $_{2}$Von der Heranziehung der Eltern ist abzusehen, wenn das Kind, die Jugendliche, die junge Volljährige oder die Leistungsberechtigte nach § 19 schwanger ist oder der junge Mensch oder die nach § 19 leistungsberechtigte Person ein leibliches Kind bis zur Vollendung des sechsten Lebensjahres betreut.

(5) $_{1}$Von der Heranziehung soll im Einzelfall ganz oder teilweise abgesehen werden, wenn sonst Ziel und Zweck der Leistung gefährdet würden oder sich aus der Heranziehung eine besondere Härte ergäbe. $_{2}$Von der Heranziehung kann abgesehen werden, wenn anzunehmen ist, dass der damit verbundene Verwaltungsaufwand in keinem angemessenen Verhältnis zu dem Kostenbeitrag stehen wird.

§ 93 Berechnung des Einkommens

(1) $_{1}$Zum Einkommen gehören alle Einkünfte in Geld oder Geldeswert mit Ausnahme der Grundrente nach oder entsprechend dem Bundesversorgungsgesetz sowie der Renten und Beihilfen, die nach dem Bundesentschädigungsgesetz für einen Schaden an Leben sowie an Körper und Gesundheit gewährt werden bis zur Höhe der vergleichbaren Grundrente nach dem Bundesversorgungsgesetz. $_{2}$Eine Entschädigung, die nach § 253 Absatz 2 des Bürgerlichen Gesetzbuchs wegen eines Schadens, der nicht Vermögensschaden ist, geleistet wird, ist nicht als Einkommen zu berücksichtigen. $_{3}$Geldleistungen, die dem gleichen Zweck wie die jeweilige Leistung der Jugendhilfe dienen, zählen nicht zum Einkommen und sind unabhängig von einem Kostenbeitrag einzusetzen. $_{4}$Kindergeld und Leistungen, die auf Grund öffentlich-rechtlicher Vorschriften zu einem ausdrücklich genannten Zweck erbracht werden, sind nicht als Einkommen zu berücksichtigen.

(2) Von dem Einkommen sind abzusetzen

1. auf das Einkommen gezahlte Steuern und
2. Pflichtbeiträge zur Sozialversicherung einschließlich der Beiträge zur Arbeitsförderung sowie
3. nach Grund und Höhe angemessene Beiträge zu öffentlichen oder privaten Versicherungen oder ähnlichen Einrichtungen zur Absicherung der Risiken Alter, Krankheit, Pflegebedürftigkeit und Arbeitslosigkeit.

(3) $_{1}$Von dem nach den Absätzen 1 und 2 errechneten Betrag sind Belastungen der kostenbeitragspflichtigen Person abzuziehen. $_{2}$Der Abzug erfolgt durch eine Kürzung des nach den Absätzen 1 und 2 errechneten Betrages um pauschal 25 vom Hundert. $_{3}$Sind die Belastungen höher als der pauschale Abzug, so können sie abgezogen werden, soweit sie nach Grund und Höhe angemessen sind und die Grundsätze einer wirtschaftlichen Lebensführung nicht verletzen. $_{4}$In Betracht kommen insbesondere

1. Beiträge zu öffentlichen oder privaten Versicherungen oder ähnlichen Einrichtungen,
2. die mit der Erzielung des Einkommens verbundenen notwendigen Ausgaben,
3. Schuldverpflichtungen.

$_{5}$Die kostenbeitragspflichtige Person muss die Belastungen nachweisen.

(4) $_{1}$Maßgeblich ist das durchschnittliche Monatseinkommen, das die kostenbeitragspflichtige Person in dem Kalenderjahr erzielt hat, welches dem jeweiligen Kalenderjahr der Leistung oder Maßnahme vorangeht. $_{2}$Auf Antrag der kostenbeitragspflichtigen Person wird dieses Einkommen nachträglich durch

das durchschnittliche Monatseinkommen ersetzt, welches die Person in dem jeweiligen Kalenderjahr der Leistung oder Maßnahme erzielt hat. 3Der Antrag kann innerhalb eines Jahres nach Ablauf dieses Kalenderjahres gestellt werden. 4Macht die kostenbeitragspflichtige Person glaubhaft, dass die Heranziehung zu den Kosten aus dem Einkommen nach Satz 1 in einem bestimmten Zeitraum eine besondere Härte für sie ergäbe, wird vorläufig von den glaubhaft gemachten, dem Zeitraum entsprechenden Monatseinkommen ausgegangen; endgültig ist in diesem Fall das nach Ablauf des Kalenderjahres zu ermittelnde durchschnittliche Monatseinkommen dieses Jahres maßgeblich.

§ 94 Umfang der Heranziehung

(1) 1Die Kostenbeitragspflichtigen sind aus ihrem Einkommen in angemessenem Umfang zu den Kosten heranzuziehen. 2Die Kostenbeiträge dürfen die tatsächlichen Aufwendungen nicht überschreiten. 3Eltern sollen nachrangig zu den jungen Menschen herangezogen werden. 4Ehegatten und Lebenspartner sollen nachrangig zu den jungen Menschen, aber vorrangig vor deren Eltern herangezogen werden.

(2) Für die Bestimmung des Umfangs sind bei jedem Elternteil, Ehegatten oder Lebenspartner die Höhe des nach § 93 ermittelten Einkommens und die Anzahl der Personen, die mindestens im gleichen Range wie der untergebrachte junge Mensch oder Leistungsberechtigte nach § 19 unterhaltsberechtigt sind, angemessen zu berücksichtigen.

(3) 1Werden Leistungen über Tag und Nacht außerhalb des Elternhauses erbracht und bezieht einer der Elternteile Kindergeld für den jungen Menschen, so hat dieser unabhängig von einer Heranziehung nach Absatz 1 Satz 1 und 2 und nach Maßgabe des Absatzes 1 Satz 3 und 4 einen Kostenbeitrag in Höhe des Kindergeldes zu zahlen. 2Zahlt der Elternteil den Kostenbeitrag nach Satz 1 nicht, so sind die Träger der öffentlichen Jugendhilfe insoweit berechtigt, das auf dieses Kind entfallende Kindergeld durch Geltendmachung eines Erstattungsanspruchs nach § 74 Absatz 2 des Einkommensteuergesetzes in Anspruch zu nehmen.

(4) Werden Leistungen über Tag und Nacht erbracht und hält sich der junge Mensch nicht nur im Rahmen von Umgangskontakten bei einem Kostenbeitragspflichtigen auf, so ist die tatsächliche Betreuungsleistung über Tag und Nacht auf den Kostenbeitrag anzurechnen.

(5) Für die Festsetzung der Kostenbeiträge von Eltern, Ehegatten und Lebenspartnern junger Menschen und Leistungsberechtigter nach § 19 werden nach Einkommensgruppen gestaffelte Pauschalbeträge durch Rechtsverordnung des zuständigen Bundesministeriums mit Zustimmung des Bundesrates bestimmt.

(6) 1Bei vollstationären Leistungen haben junge Menschen und Leistungsberechtigte nach § 19 nach Abzug der in § 93 Absatz 2 genannten Beträge 75 Prozent ihres Einkommens als Kostenbeitrag einzusetzen. 2Es kann ein geringerer Kostenbeitrag erhoben oder gänzlich von der Erhebung des Kostenbeitrags abgesehen werden, wenn das Einkommen aus einer Tätigkeit stammt, die dem Zweck der Leistung dient. 3Dies gilt insbesondere, wenn es sich um eine Tätigkeit im sozialen oder kulturellen Bereich handelt, bei der nicht die Erwerbstätigkeit, sondern das soziale oder kulturelle Engagement im Vordergrund stehen.

Dritter Abschnitt
Überleitung von Ansprüchen

§ 95 Überleitung von Ansprüchen

(1) Hat eine der in § 92 Absatz 1 genannten Personen für die Zeit, für die Jugendhilfe gewährt wird, einen Anspruch gegen einen anderen, der weder Leistungsträger im Sinne des § 12 des Ersten Buches noch Kostenbeitragspflichtiger ist, so kann der Träger der öffentlichen Jugendhilfe durch schriftliche Anzeige an den anderen bewirken, dass dieser Anspruch bis zur Höhe seiner Aufwendungen auf ihn übergeht.

(2) 1Der Übergang darf nur insoweit bewirkt werden, als bei rechtzeitiger Leistung des anderen entweder Jugendhilfe nicht gewährt worden oder ein Kostenbeitrag zu leisten wäre. 2Der Übergang ist nicht dadurch ausgeschlossen, dass der Anspruch nicht über-

tragen, verpfändet oder gepfändet werden kann.

(3) Die schriftliche Anzeige bewirkt den Übergang des Anspruchs für die Zeit, für die die Hilfe ohne Unterbrechung gewährt wird; als Unterbrechung gilt ein Zeitraum von mehr als zwei Monaten.

(4) Widerspruch und Anfechtungsklage gegen den Verwaltungsakt, der den Übergang des Anspruchs bewirkt, haben keine aufschiebende Wirkung.

3

§ 96 (weggefallen)

Vierter Abschnitt
Ergänzende Vorschriften

§ 97 Feststellung der Sozialleistungen

1Der erstattungsberechtigte Träger der öffentlichen Jugendhilfe kann die Feststellung einer Sozialleistung betreiben sowie Rechtsmittel einlegen. 2Der Ablauf der Fristen, die ohne sein Verschulden verstrichen sind, wirkt nicht gegen ihn. 3Dies gilt nicht für die Verfahrensfristen, soweit der Träger der öffentlichen Jugendhilfe das Verfahren selbst betreibt.

§ 97a Pflicht zur Auskunft

(1) 1Soweit dies für die Berechnung oder den Erlass eines Kostenbeitrags oder die Übernahme eines Teilnahmebeitrags nach § 90 oder die Ermittlung eines Kostenbeitrags nach den §§ 92 bis 94 erforderlich ist, sind Eltern, Ehegatten und Lebenspartner junger Menschen sowie Leistungsberechtigter nach § 19 verpflichtet, dem örtlichen Träger über ihre Einkommensverhältnisse Auskunft zu geben. 2Junge Volljährige und volljährige Leistungsberechtigte nach § 19 sind verpflichtet, dem örtlichen Träger über ihre Einkommens- und Vermögensverhältnisse Auskunft zu geben. 3Eltern, denen die Sorge für das Vermögen des Kindes oder des Jugendlichen zusteht, sind auch zur Auskunft über dessen Einkommen verpflichtet. 4Ist die Sorge über das Vermögen des Kindes oder des Jugendlichen anderen Personen übertragen, so treten diese an die Stelle der Eltern.

(2) 1Soweit dies für die Berechnung der laufenden Leistung nach § 39 Absatz 6 erforderlich ist, sind Pflegepersonen verpflichtet, dem örtlichen Träger darüber Auskunft zu geben, ob der junge Mensch im Rahmen des Familienleistungsausgleichs nach § 31 des Einkommensteuergesetzes berücksichtigt wird oder berücksichtigt werden könnte und ob er ältestes Kind in der Pflegefamilie ist. 2Pflegepersonen, die mit dem jungen Menschen in gerader Linie verwandt sind, sind verpflichtet, dem örtlichen Träger über ihre Einkommens- und Vermögensverhältnisse Auskunft zu geben.

(3) 1Die Pflicht zur Auskunft nach den Absätzen 1 und 2 umfasst auch die Verpflichtung, Name und Anschrift des Arbeitgebers zu nennen, über die Art des Beschäftigungsverhältnisses Auskunft zu geben sowie auf Verlangen Beweisurkunden vorzulegen oder ihrer Vorlage zuzustimmen. 2Sofern landesrechtliche Regelungen nach § 90 Absatz 1 Satz 2 bestehen, in denen nach Einkommensgruppen gestaffelte Pauschalbeträge vorgeschrieben oder festgesetzt sind, ist hinsichtlich der Höhe des Einkommens die Auskunftspflicht und die Pflicht zur Vorlage von Beweisurkunden für die Berechnung des Kostenbeitrags nach § 90 Absatz 1 Nummer 3 auf die Angabe der Zugehörigkeit zu einer bestimmten Einkommensgruppe beschränkt.

(4) 1Kommt eine der nach den Absätzen 1 und 2 zur Auskunft verpflichteten Personen ihrer Pflicht nicht nach oder bestehen tatsächliche Anhaltspunkte für die Unrichtigkeit ihrer Auskunft, so ist der Arbeitgeber dieser Person verpflichtet, dem örtlichen Träger über die Art des Beschäftigungsverhältnisses und den Arbeitsverdienst dieser Person Auskunft zu geben; Absatz 3 Satz 2 gilt entsprechend. 2Der zur Auskunft verpflichteten Person ist vor einer Nachfrage beim Arbeitgeber eine angemessene Frist zur Erteilung der Auskunft zu setzen. 3Sie ist darauf hinzuweisen, dass nach Fristablauf die erforderlichen Auskünfte beim Arbeitgeber eingeholt werden.

(5) 1Die nach den Absätzen 1 und 2 zur Erteilung einer Auskunft Verpflichteten können die Auskunft verweigern, soweit sie sich selbst oder einen der in § 383 Absatz 1 Nummer 1 bis 3 der Zivilprozessordnung bezeichneten Angehörigen der Gefahr aussetzen würden, wegen einer Straftat oder einer

Ordnungswidrigkeit verfolgt zu werden. 2Die Auskunftspflichtigen sind auf ihr Auskunftsverweigerungsrecht hinzuweisen.

§ 97b (weggefallen)

§ 97c Erhebung von Gebühren und Auslagen

Landesrecht kann abweichend von § 64 des Zehnten Buches die Erhebung von Gebühren und Auslagen regeln.

Neuntes Kapitel Kinder- und Jugendhilfestatistik

§ 98 Zweck und Umfang der Erhebung

(1) Zur Beurteilung der Auswirkungen der Bestimmungen dieses Buches und zu seiner Fortentwicklung sind laufende Erhebungen über

1. Kinder und tätige Personen in Tageseinrichtungen,
2. Kinder und tätige Personen in öffentlich geförderter Kindertagespflege,
3. Personen, die mit öffentlichen Mitteln geförderte Kindertagespflege gemeinsam oder auf Grund einer Erlaubnis nach § 43 Absatz 3 Satz 3 in Pflegestellen durchführen, und die von diesen betreuten Kinder,
4. die Empfänger
   a) der Hilfe zur Erziehung,
   b) der Hilfe für junge Volljährige und
   c) der Eingliederungshilfe für seelisch behinderte Kinder und Jugendliche,
5. Kinder und Jugendliche, zu deren Schutz vorläufige Maßnahmen getroffen worden sind,
6. Kinder und Jugendliche, die als Kind angenommen worden sind,
7. Kinder und Jugendliche, die unter Amtspflegschaft, Amtsvormundschaft oder Beistandschaft des Jugendamts stehen,
8. Kinder und Jugendliche, für die eine Pflegeerlaubnis erteilt worden ist,
9. Maßnahmen des Familiengerichts,
10. Angebote der Jugendarbeit nach § 11 sowie Fortbildungsmaßnahmen für ehrenamtliche Mitarbeiter anerkannter Träger der Jugendhilfe nach § 74 Absatz 6,
11. die Einrichtungen mit Ausnahme der Tageseinrichtungen, Behörden und Geschäftsstellen in der Jugendhilfe und die dort tätigen Personen,
12. die Ausgaben und Einnahmen der öffentlichen Jugendhilfe sowie
13. Gefährdungseinschätzungen nach § 8a

als Bundesstatistik durchzuführen.

(2) Zur Verfolgung der gesellschaftlichen Entwicklung im Bereich der elterlichen Sorge sind im Rahmen der Kinder- und Jugendhilfestatistik auch laufende Erhebungen über Sorgeerklärungen durchzuführen.

§ 99 Erhebungsmerkmale

(1) Erhebungsmerkmale bei den Erhebungen über Hilfe zur Erziehung nach den §§ 27 bis 35, Eingliederungshilfe für seelisch behinderte Kinder und Jugendliche nach § 35a und Hilfe für junge Volljährige nach § 41 sind

1. im Hinblick auf die Hilfe
   a) Art und Name des Trägers des Hilfe durchführenden Dienstes oder der Hilfe durchführenden Einrichtung,
   b) Art der Hilfe,
   c) Ort der Durchführung der Hilfe,
   d) Monat und Jahr des Beginns und Endes sowie Fortdauer der Hilfe,
   e) familienrichterliche Entscheidungen zu Beginn der Hilfe,
   f) Intensität der Hilfe,
   g) Hilfe anregende Institutionen oder Personen,
   h) Gründe für die Hilfegewährung,
   i) Grund für die Beendigung der Hilfe,
   j) vorangegangeneGefährdungseinschätzung nach § 8a Absatz 1,
   k) Einleitung der Hilfe im Anschluss an eine vorläufige Maßnahme zum Schutz von Kindern und Jugendlichen im Fall des § 42 Absatz 1 Satz 1 Nummer 3 sowie
2. im Hinblick auf junge Menschen
   a) Geschlecht,
   b) Geburtsmonat und Geburtsjahr,
   c) Lebenssituation bei Beginn der Hilfe,

d) anschließender Aufenthalt,
e) nachfolgende Hilfe;

3. bei sozialpädagogischer Familienhilfe nach § 31 und anderen familienorientierten Hilfen nach § 27 zusätzlich zu den unter den Nummern 1 und 2 genannten Merkmalen
   a) Geschlecht, Geburtsmonat und Geburtsjahr der in der Familie lebenden jungen Menschen sowie
   b) Zahl der außerhalb der Familie lebenden Kinder und Jugendlichen.

(2) Erhebungsmerkmale bei den Erhebungen über vorläufige Maßnahmen zum Schutz von Kindern und Jugendlichen sind Kinder und Jugendliche, zu deren Schutz Maßnahmen nach § 42 oder § 42a getroffen worden sind, gegliedert nach

1. Art der Maßnahme, Art des Trägers der Maßnahme, Form der Unterbringung während der Maßnahme, Institution oder Personenkreis, die oder der die Maßnahme angeregt hat, Zeitpunkt des Beginns und Dauer der Maßnahme, Durchführung auf Grund einer vorangegangenen Gefährdungseinschätzung nach § 8a Absatz 1, Maßnahmeanlass, Art der anschließenden Hilfe,
2. bei Kindern und Jugendlichen zusätzlich zu den unter Nummer 1 genannten Merkmalen nach Geschlecht, Altersgruppe zu Beginn der Maßnahme, Migrationshintergrund, Art des Aufenthalts vor Beginn der Maßnahme.

(3) Erhebungsmerkmale bei den Erhebungen über die Annahme als Kind sind

1. angenommene Kinder und Jugendliche, gegliedert
   a) nach nationaler Adoption und internationaler Adoption nach § 2a des Adoptionsvermittlungsgesetzes,
   b) nach Geschlecht, Geburtsjahr, Staatsangehörigkeit und Art des Trägers des Adoptionsvermittlungsdienstes,
   c) nach Herkunft des angenommenen Kindes, Art der Unterbringung vor der Adoptionspflege, Familienstand der Eltern oder des sorgeberechtigten Elternteils oder Tod der Eltern zu Beginn der Adoptionspflege sowie Ersetzung der Einwilligung zur Annahme als Kind,
   d) zusätzlich bei der internationalen Adoption (§ 2a des Adoptionsvermittlungsgesetzes) nach Staatsangehörigkeit vor Ausspruch der Adoption und nach Herkunftsland,
   e) nach Staatsangehörigkeit der oder des Annehmenden und Verwandtschaftsverhältnis zu dem Kind,
2. die Zahl der
   a) ausgesprochenen und aufgehobenen Annahmen sowie der abgebrochenen Adoptionspflegen, gegliedert nach Art des Trägers des Adoptionsvermittlungsdienstes,
   b) vorgemerkten Adoptionsbewerber, die zur Annahme als Kind vorgemerkten und in Adoptionspflege untergebrachten Kinder und Jugendlichen zusätzlich nach ihrem Geschlecht, gegliedert nach Art des Trägers des Adoptionsvermittlungsdienstes.

(4) Erhebungsmerkmal bei den Erhebungen über die Amtspflegschaft und die Amtsvormundschaft sowie die Beistandschaft ist die Zahl der Kinder und Jugendlichen unter

1. gesetzlicher Amtsvormundschaft,
2. bestellter Amtsvormundschaft,
3. bestellter Amtspflegschaft sowie
4. Beistandschaft,

gegliedert nach Geschlecht, Art des Tätigwerdens des Jugendamts sowie nach deutscher und ausländischer Staatsangehörigkeit (Deutsche/Ausländer).

(5) Erhebungsmerkmal bei den Erhebungen über

1. die Pflegeerlaubnis nach § 43 ist die Zahl der Tagespflegepersonen,
2. die Pflegeerlaubnis nach § 44 ist die Zahl der Kinder und Jugendlichen, gegliedert nach Geschlecht und Art der Pflege.

(6) Erhebungsmerkmale bei der Erhebung zum Schutzauftrag bei Kindeswohlgefährdung nach § 8a sind Kinder und Jugendliche, bei denen eine Gefährdungseinschätzung nach Absatz 1 vorgenommen worden ist, gegliedert

1. nach der die Gefährdungseinschätzung anregenden Institution oder Person, der Art der Kindeswohlgefährdung sowie dem Ergebnis der Gefährdungseinschätzung,
2. bei Kindern und Jugendlichen zusätzlich zu den in Nummer 1 genannten Merkmalen nach Geschlecht, Alter und Aufenthaltsort des Kindes oder Jugendlichen zum Zeitpunkt der Meldung sowie dem Alter der Eltern und der Inanspruchnahme einer Leistung gemäß den §§ 16 bis 19 sowie 27 bis 35a und der Durchführung einer Maßnahme nach § 42.

(6a) Erhebungsmerkmal bei den Erhebungen über Sorgeerklärungen und die gerichtliche Übertragung der gemeinsamen elterlichen Sorge nach § 1626a Absatz 1 Nummer 3 des Bürgerlichen Gesetzbuchs ist die gemeinsame elterliche Sorge nicht miteinander verheirateter Eltern, gegliedert danach, ob Sorgeerklärungen beider Eltern vorliegen oder den Eltern die elterliche Sorge aufgrund einer gerichtlichen Entscheidung ganz oder zum Teil gemeinsam übertragen worden ist.

(6b) Erhebungsmerkmal bei den Erhebungen über Maßnahmen des Familiengerichts ist die Zahl der Kinder und Jugendlichen, bei denen wegen einer Gefährdung ihres Wohls das familiengerichtliche Verfahren auf Grund einer Anrufung durch das Jugendamt nach § 8a Absatz 2 Satz 1 oder § 42 Absatz 3 Satz 2 Nummer 2 oder auf andere Weise eingeleitet worden ist und

1. den Personensorgeberechtigten auferlegt worden ist, Leistungen nach diesem Buch in Anspruch zu nehmen,
2. andere Gebote oder Verbote gegenüber den Personensorgeberechtigten oder Dritten ausgesprochen worden sind,
3. Erklärungen der Personensorgeberechtigten ersetzt worden sind,
4. die elterliche Sorge ganz oder teilweise entzogen und auf das Jugendamt oder einen Dritten als Vormund oder Pfleger übertragen worden ist,

gegliedert nach Geschlecht, Alter und zusätzlich bei Nummer 4 nach dem Umfang der übertragenen Angelegenheit.

(7) Erhebungsmerkmale bei den Erhebungen über Kinder und tätige Personen in Tageseinrichtungen sind

1. die Einrichtungen, gegliedert nach
   a) der Art und Name des Trägers und der Rechtsform sowie besonderen Merkmalen,
   b) der Zahl der genehmigten Plätze,
   c) der Art und Anzahl der Gruppen sowie
   d) die Anzahl der Kinder insgesamt,
2. für jede dort tätige Person
   a) Geschlecht und Beschäftigungsumfang,
   b) für das pädagogisch und in der Verwaltung tätige Personal zusätzlich Geburtsmonat und Geburtsjahr, die Art des Berufsausbildungsabschlusses, Stellung im Beruf, Art der Beschäftigung und Arbeitsbereich,
3. für die dort geförderten Kinder
   a) Geschlecht, Geburtsmonat und Geburtsjahr sowie Schulbesuch,
   b) Migrationshintergrund,
   c) Betreuungszeit und Mittagsverpflegung,
   d) erhöhter Förderbedarf,
   e) Gruppenzugehörigkeit,
   f) Monat und Jahr der Aufnahme in der Tageseinrichtung.

(7a) Erhebungsmerkmale bei den Erhebungen über Kinder in mit öffentlichen Mitteln geförderter Kindertagespflege sowie die die Kindertagespflege durchführenden Personen sind:

1. für jede tätige Person
   a) Geschlecht, Geburtsmonat und Geburtsjahr,
   b) Art und Umfang der Qualifikation, Anzahl der betreuten Kinder (Betreuungsverhältnisse am Stichtag) insgesamt und nach dem Ort der Betreuung,
2. für die dort geförderten Kinder
   a) Geschlecht, Geburtsmonat und Geburtsjahr sowie Schulbesuch,
   b) Migrationshintergrund,
   c) Betreuungszeit und Mittagsverpflegung,

d) Art und Umfang der öffentlichen Finanzierung und Förderung,
e) erhöhter Förderbedarf,
f) Verwandtschaftsverhältnis zur Pflegeperson,
g) gleichzeitig bestehende andere Betreuungsarrangements,
h) Monat und Jahr der Aufnahme in Kindertagespflege.

(7b) Erhebungsmerkmale bei den Erhebungen über Personen, die mit öffentlichen Mitteln geförderte Kindertagespflege gemeinsam oder auf Grund einer Erlaubnis nach § 43 Absatz 3 Satz 3 durchführen und die von diesen betreuten Kinder sind die Zahl der Tagespflegepersonen und die Zahl der von diesen betreuten Kinder jeweils gegliedert nach Pflegestellen.

(8) Erhebungsmerkmale bei den Erhebungen über die Angebote der Jugendarbeit nach § 11 sowie bei den Erhebungen über Fortbildungsmaßnahmen für ehrenamtliche Mitarbeiter anerkannter Träger der Jugendhilfe nach § 74 Absatz 6 sind offene und Gruppenangebote sowie Veranstaltungen und Projekte der Jugendarbeit, soweit diese mit öffentlichen Mitteln pauschal oder maßnahmenbezogen gefördert werden oder der Träger eine öffentliche Förderung erhält, gegliedert nach

1. Art, Name und Rechtsform des Trägers,
2. Dauer, Häufigkeit, Durchführungsort und Art des Angebots; zusätzlich bei schulbezogenen Angeboten die Art der kooperierenden Schule,
3. Alter, Geschlecht sowie Art der Beschäftigung und Tätigkeit der bei der Durchführung des Angebots tätigen Personen,
4. Zahl, Geschlecht und Alter der Teilnehmenden sowie der Besucher,
5. Partnerländer und Veranstaltungen im In- oder Ausland bei Veranstaltungen und Projekten der internationalen Jugendarbeit.

(9) Erhebungsmerkmale bei den Erhebungen über die Einrichtungen, soweit sie nicht in Absatz 7 erfasst werden, sowie die Behörden und Geschäftsstellen in der Jugendhilfe und die dort tätigen Personen sind

1. die Einrichtungen, gegliedert nach der Art der Einrichtung, der Art und Name des Trägers, der Rechtsform sowie der Art und Zahl der verfügbaren Plätze,
2. die Behörden der öffentlichen Jugendhilfe sowie die Geschäftsstellen der Träger der freien Jugendhilfe, gegliedert nach der Art des Trägers und der Rechtsform,
3. für jede haupt- und nebenberuflich tätige Person
   a) und b) (weggefallen)
   c) Geschlecht und Beschäftigungsumfang,
   d) für das pädagogische und in der Verwaltung tätige Personal zusätzlich Geburtsmonat und Geburtsjahr, Art des Berufsausbildungsabschlusses, Stellung im Beruf, Art der Beschäftigung und Arbeitsbereich.

(10) Erhebungsmerkmale bei der Erhebung der Ausgaben und Einnahmen der öffentlichen Jugendhilfe sind

1. die Art des Trägers,
2. die Ausgaben für Einzel- und Gruppenhilfen, gegliedert nach Ausgabe- und Hilfeart sowie die Einnahmen nach Einnahmeart,
3. die Ausgaben und Einnahmen für Einrichtungen nach Arten gegliedert nach der Einrichtungsart,
4. die Ausgaben für das Personal, das bei den örtlichen und den überörtlichen Trägern sowie den kreisangehörigen Gemeinden und Gemeindeverbänden, die nicht örtliche Träger sind, Aufgaben der Jugendhilfe wahrnimmt.

§ 100 Hilfsmerkmale

Hilfsmerkmale sind

1. Name und Anschrift des Auskunftspflichtigen,
2. für die Erhebungen nach § 99 die Kenn-Nummer der hilfeleistenden Stelle oder der auskunftsgebenden Einrichtung; soweit eine Hilfe nach § 28 gebietsübergreifend erbracht wird, die Kenn-Nummer des Wohnsitzes des Hilfeempfängers,
3. für die Erhebungen nach § 99 Absatz 1, 2, 3 und 6 die Kenn-Nummer der betreffenden Person,

4. Name und Telefonnummer sowie Faxnummer oder E-Mail-Adresse der für eventuelle Rückfragen zur Verfügung stehenden Person.

§ 101 Periodizität und Berichtszeitraum

(1) 1Die Erhebungen nach § 99 Absatz 1 bis 5 sowie nach Absatz 6a bis 7b und 10 sind jährlich durchzuführen, die Erhebungen nach § 99 Absatz 1, soweit sie die Eingliederungshilfe für seelisch behinderte Kinder und Jugendliche betreffen, beginnend 2007. 2Die Erhebung nach § 99 Absatz 6 erfolgt laufend. 3Die übrigen Erhebungen nach § 99 sind alle zwei Jahre durchzuführen, die Erhebungen nach § 99 Absatz 8 erstmalig für das Jahr 2015 und die Erhebungen nach § 99 Absatz 9 erstmalig für das Jahr 2014.

(2) Die Angaben für die Erhebung nach

1. § 99 Absatz 1 sind zu dem Zeitpunkt, zu dem die Hilfe endet, bei fortdauernder Hilfe zum 31. Dezember,
2. bis 5. (weggefallen)
6. § 99 Absatz 2 sind zum Zeitpunkt des Endes einer vorläufigen Maßnahme,
7. § 99 Absatz 3 Nummer 1 sind zum Zeitpunkt der rechtskräftigen gerichtlichen Entscheidung über die Annahme als Kind,
8. § 99 Absatz 3 Nummer 2 Buchstabe a und Absatz 6a, 6b und 10 sind für das abgelaufene Kalenderjahr,
9. § 99 Absatz 3 Nummer 2 Buchstabe b und Absatz 4, 5 und 9 zum 31. Dezember,
10. § 99 Absatz 7, 7a und 7b sind zum 1. März,
11. § 99 Absatz 6 sind zum Zeitpunkt des Abschlusses der Gefährdungseinschätzung,
12. § 99 Absatz 8 sind für das abgelaufene Kalenderjahr

zu erteilen.

§ 102 Auskunftspflicht

(1) 1Für die Erhebungen besteht Auskunftspflicht. 2Die Angaben zu § 100 Nummer 4 sind freiwillig.

(2) Auskunftspflichtig sind

1. die örtlichen Träger der Jugendhilfe für die Erhebungen nach § 99 Absatz 1 bis 10, nach Absatz 8 nur, soweit eigene Angebote gemacht wurden,
2. die überörtlichen Träger der Jugendhilfe für die Erhebungen nach § 99 Absatz 3 und 7 und 8 bis 10, nach Absatz 8 nur, soweit eigene Angebote gemacht wurden,
3. die obersten Landesjugendbehörden für die Erhebungen nach § 99 Absatz 7 und 8 bis 10,
4. die fachlich zuständige oberste Bundesbehörde für die Erhebung nach § 99 Absatz 10,
5. die kreisangehörigen Gemeinden und die Gemeindeverbände, soweit sie Aufgaben der Jugendhilfe wahrnehmen, für die Erhebungen nach § 99 Absatz 7 bis 10,
6. die Träger der freien Jugendhilfe für Erhebungen nach § 99 Absatz 1, soweit sie eine Beratung nach § 28 oder § 41 betreffen, nach § 99 Absatz 8, soweit sie anerkannte Träger der freien Jugendhilfe nach § 75 Absatz 1 oder Absatz 3 sind, und nach § 99 Absatz 3, 7 und 9,
7. Adoptionsvermittlungsstellen nach § 2 Absatz 2 des Adoptionsvermittlungsgesetzes aufgrund ihrer Tätigkeit nach § 1 des Adoptionsvermittlungsgesetzes sowie anerkannte Auslandsvermittlungsstellen nach § 4 Absatz 2 Satz 2 des Adoptionsvermittlungsgesetzes aufgrund ihrer Tätigkeit nach § 2a Absatz 3 Nummer 3 des Adoptionsvermittlungsgesetzes gemäß § 99 Absatz 3 Nummer 1 sowie gemäß § 99 Absatz 3 Nummer 2a für die Zahl der ausgesprochenen Annahmen und gemäß § 99 Absatz 3 Nummer 2b für die Zahl der vorgemerkten Adoptionsbewerber,
8. die Leiter der Einrichtungen, Behörden und Geschäftsstellen in der Jugendhilfe für die Erhebungen nach § 99 Absatz 7 und 9.

(3) Zur Durchführung der Erhebungen nach § 99 Absatz 1, 2, 3, 7, 8 und 9 übermitteln die Träger der öffentlichen Jugendhilfe den statistischen Ämtern der Länder auf Anforderung die erforderlichen Anschriften der übrigen Auskunftspflichtigen.

§ 103 Übermittlung

(1) 1An die fachlich zuständigen obersten Bundes- oder Landesbehörden dürfen für die Verwendung gegenüber den gesetzgebenden Körperschaften und für Zwecke der Planung, jedoch nicht für die Regelung von Einzelfällen, vom Statistischen Bundesamt und den statistischen Ämtern der Länder Tabellen mit statistischen Ergebnissen übermittelt werden, auch soweit Tabellenfelder nur einen einzigen Fall ausweisen. 2Tabellen, deren Tabellenfelder nur einen einzigen Fall ausweisen, dürfen nur dann übermittelt werden, wenn sie nicht differenzierter als auf Regierungsbezirksebene, im Fall der Stadtstaaten auf Bezirksebene, aufbereitet sind.

(2) Für ausschließlich statistische Zwecke dürfen den zur Durchführung statistischer Aufgaben zuständigen Stellen der Gemeinden und Gemeindeverbände für ihren Zuständigkeitsbereich Einzelangaben aus der Erhebung nach § 99 mit Ausnahme der Hilfsmerkmale übermittelt werden, soweit die Voraussetzungen nach § 16 Absatz 5 des Bundesstatistikgesetzes gegeben sind.

(3) Die Ergebnisse der Kinder- und Jugendhilfestatistiken gemäß den §§ 98 und 99 dürfen auf der Ebene der einzelnen Gemeinde oder des einzelnen Jugendamtsbezirkes veröffentlicht werden.

Zehntes Kapitel
Straf- und Bußgeldvorschriften

§ 104 Bußgeldvorschriften

(1) Ordnungswidrig handelt, wer

1. ohne Erlaubnis nach § 43 Absatz 1 oder § 44 Absatz 1 Satz 1 ein Kind oder einen Jugendlichen betreut oder ihm Unterkunft gewährt,
2. entgegen § 45 Absatz 1 Satz 1, auch in Verbindung mit § 48a Absatz 1, ohne Erlaubnis eine Einrichtung oder eine sonstige Wohnform betreibt oder
3. entgegen § 47 eine Anzeige nicht, nicht richtig, nicht vollständig oder nicht rechtzeitig erstattet oder eine Meldung nicht, nicht richtig, nicht vollständig oder nicht rechtzeitig macht oder
4. entgegen § 97a Absatz 4 vorsätzlich oder fahrlässig als Arbeitgeber eine Auskunft nicht, nicht richtig oder nicht vollständig erteilt.

(2) Die Ordnungswidrigkeiten nach Absatz 1 Nummer 1, 3 und 4 können mit einer Geldbuße bis zu fünfhundert Euro, die Ordnungswidrigkeit nach Absatz 1 Nummer 2 kann mit einer Geldbuße bis zu fünfzehntausend Euro geahndet werden.

§ 105 Strafvorschriften

Mit Freiheitsstrafe bis zu einem Jahr oder mit Geldstrafe wird bestraft, wer

1. eine in § 104 Absatz 1 Nummer 1 oder 2 bezeichnete Handlung begeht und dadurch leichtfertig ein Kind oder einen Jugendlichen in seiner körperlichen, geistigen oder sittlichen Entwicklung schwer gefährdet oder
2. eine in § 104 Absatz 1 Nummer 1 oder 2 bezeichnete vorsätzliche Handlung beharrlich wiederholt.

Elftes Kapitel
Schlussvorschriften

§ 106 Einschränkung eines Grundrechts

Durch § 42 Absatz 5 und § 42a Absatz 1 Satz 2 wird das Grundrecht auf Freiheit der Person (Artikel 2 Absatz 2 Satz 3 des Grundgesetzes) eingeschränkt.

Gesetz zur Kooperation und Information im Kinderschutz (KKG)

Vom 22. Dezember 2011 (BGBl. I S. 2975)

§ 1 Kinderschutz und staatliche Mitverantwortung

(1) Ziel des Gesetzes ist es, das Wohl von Kindern und Jugendlichen zu schützen und ihre körperliche, geistige und seelische Entwicklung zu fördern.

(2) Pflege und Erziehung der Kinder und Jugendlichen sind das natürliche Recht der Eltern und die zuvörderst ihnen obliegende Pflicht. Über ihre Betätigung wacht die staatliche Gemeinschaft.

(3) Aufgabe der staatlichen Gemeinschaft ist es, soweit erforderlich, Eltern bei der Wahrnehmung ihres Erziehungsrechts und ihrer Erziehungsverantwortung zu unterstützen, damit

1. sie im Einzelfall dieser Verantwortung besser gerecht werden können,
2. im Einzelfall Risiken für die Entwicklung von Kindern und Jugendlichen frühzeitig erkannt werden und
3. im Einzelfall eine Gefährdung des Wohls eines Kindes oder eines Jugendlichen vermieden oder, falls dies im Einzelfall nicht mehr möglich ist, eine weitere Gefährdung oder Schädigung abgewendet werden kann.

(4) Zu diesem Zweck umfasst die Unterstützung der Eltern bei der Wahrnehmung ihres Erziehungsrechts und ihrer Erziehungsverantwortung durch die staatliche Gemeinschaft insbesondere auch Information, Beratung und Hilfe. Kern ist die Vorhaltung eines möglichst frühzeitigen, koordinierten und multiprofessionellen Angebots im Hinblick auf die Entwicklung von Kindern vor allem in den ersten Lebensjahren für Mütter und Väter sowie schwangere Frauen und werdende Väter (Frühe Hilfen).

§ 2 Information der Eltern über Unterstützungsangebote in Fragen der Kindesentwicklung

(1) Eltern sowie werdende Mütter und Väter sollen über Leistungsangebote im örtlichen Einzugsbereich zur Beratung und Hilfe in Fragen der Schwangerschaft, Geburt und der Entwicklung des Kindes in den ersten Lebensjahren informiert werden.

(2) Zu diesem Zweck sind die nach Landesrecht für die Information der Eltern nach Absatz 1 zuständigen Stellen befugt, den Eltern ein persönliches Gespräch anzubieten. Dieses kann auf Wunsch der Eltern in ihrer Wohnung stattfinden. Sofern Landesrecht keine andere Regelung trifft, bezieht sich die in Satz 1 geregelte Befugnis auf die örtlichen Träger der Jugendhilfe.

§ 3 Rahmenbedingungen für verbindliche Netzwerkstrukturen im Kinderschutz

(1) In den Ländern werden insbesondere im Bereich Früher Hilfen flächendeckend verbindliche Strukturen der Zusammenarbeit der zuständigen Leistungsträger und Institutionen im Kinderschutz mit dem Ziel aufgebaut und weiterentwickelt, sich gegenseitig über das jeweilige Angebots- und Aufgabenspektrum zu informieren, strukturelle Fragen der Angebotsgestaltung und -entwicklung zu klären sowie Verfahren im Kinderschutz aufeinander abzustimmen.

(2) In das Netzwerk sollen insbesondere Einrichtungen und Dienste der öffentlichen und freien Jugendhilfe, Einrichtungen und Dienste, mit denen Verträge nach § 75 Absatz 3 des Zwölften Buches Sozialgesetzbuch bestehen, Gesundheitsämter, Sozialämter, Gemeinsame Servicestellen, Schulen, Polizei- und Ordnungsbehörden, Agenturen für Arbeit, Krankenhäuser, Sozialpädiatrische Zentren, Frühförderstellen, Beratungsstellen für soziale Problemlagen, Beratungsstellen nach den §§ 3 und 8 des Schwangerschaftskonfliktgesetzes, Einrichtungen und Dienste zur Müttergenesung sowie zum Schutz gegen Gewalt in engen sozialen Beziehungen, Familienbildungsstätten, Familiengerichte und Angehörige der Heilberufe einbezogen werden.

(3) Sofern Landesrecht keine andere Regelung trifft, soll die verbindliche Zusammenarbeit im Kinderschutz als Netzwerk durch den örtlichen Träger der Jugendhilfe organisiert werden. Die Beteiligten sollen die Grundsätze für eine verbindliche Zusammenarbeit in Vereinbarungen festlegen. Auf vorhandene Strukturen soll zurückgegriffen werden.

(4) Dieses Netzwerk soll zur Beförderung Früher Hilfen durch den Einsatz von Familienhebammen gestärkt werden. Das Bundesministerium für Familie, Senioren, Frauen und Jugend unterstützt den Aus- und Aufbau der Netzwerke Frühe Hilfen und des Einsatzes von Familienhebammen auch unter Einbeziehung ehrenamtlicher Strukturen durch eine zeitlich auf vier Jahre befristete Bundesinitiative, die im Jahr 2012 mit 30 Millionen Euro, im Jahr 2013 mit 45 Millionen Euro und in den Jahren 2014 und 2015 mit 51 Millionen Euro ausgestattet wird. Nach Ablauf dieser Befristung wird der Bund einen Fonds zur Sicherstellung der Netzwerke Frühe Hilfen und der psychosozialen Unterstützung von Familien einrichten, für den er jährlich 51 Millionen Euro zur Verfügung stellen wird. Die Ausgestaltung der Bundesinitiative und des Fonds wird in Verwaltungsvereinbarungen geregelt, die das Bundesministerium für Familie, Senioren, Frauen und Jugend im Einvernehmen mit dem Bundesministerium der Finanzen mit den Ländern schließt.

§ 4 Beratung und Übermittlung von Informationen durch Geheimnisträger bei Kindeswohlgefährdung

(1) Werden

1. Ärztinnen oder Ärzten, Hebammen oder Entbindungspflegern oder Angehörigen eines anderen Heilberufes, der für die Berufsausübung oder die Führung der Berufsbezeichnung eine staatlich geregelte Ausbildung erfordert,
2. Berufspsychologinnen oder -psychologen mit staatlich anerkannter wissenschaftlicher Abschlussprüfung,
3. Ehe-, Familien-, Erziehungs- oder Jugendberaterinnen oder -beratern sowie
4. Beraterinnen oder Beratern für Suchtfragen in einer Beratungsstelle, die von einer Behörde oder Körperschaft, Anstalt oder Stiftung des öffentlichen Rechts anerkannt ist,
5. Mitgliedern oder Beauftragten einer anerkannten Beratungsstelle nach den §§ 3 und 8 des Schwangerschaftskonfliktgesetzes,
6. staatlich anerkannten Sozialarbeiterinnen oder -arbeitern oder staatlich anerkannten Sozialpädagoginnen oder -pädagogen oder
7. Lehrerinnen oder Lehrern an öffentlichen und an staatlich anerkannten privaten Schulen

in Ausübung ihrer beruflichen Tätigkeit gewichtige Anhaltspunkte für die Gefährdung des Wohls eines Kindes oder eines Jugendlichen bekannt, so sollen sie mit dem Kind oder Jugendlichen und den Personensorgeberechtigten die Situation erörtern und, soweit erforderlich, bei den Personensorgeberechtigten auf die Inanspruchnahme von Hilfen hinwirken, soweit hierdurch der wirksame Schutz des Kindes oder des Jugendlichen nicht in Frage gestellt wird.

(2) Die Personen nach Absatz 1 haben zur Einschätzung der Kindeswohlgefährdung gegenüber dem Träger der öffentlichen Jugendhilfe Anspruch auf Beratung durch eine insoweit erfahrene Fachkraft. Sie sind zu diesem Zweck befugt, dieser Person die dafür erforderlichen Daten zu übermitteln; vor einer Übermittlung der Daten sind diese zu pseudonymisieren.

(3) Scheidet eine Abwendung der Gefährdung nach Absatz 1 aus oder ist ein Vorgehen nach Absatz 1 erfolglos und halten die in Absatz 1 genannten Personen ein Tätigwerden des Jugendamtes für erforderlich, um eine Gefährdung des Wohls eines Kindes oder eines Jugendlichen abzuwenden, so sind sie befugt, das Jugendamt zu informieren; hierauf sind die Betroffenen vorab hinzuweisen, es sei denn, dass damit der wirksame Schutz des Kindes oder des Jugendlichen in Frage gestellt wird. Zu diesem Zweck sind die Personen nach Satz 1 befugt, dem Jugendamt die erforderlichen Daten mitzuteilen.

Verordnung zur Festsetzung der Kostenbeiträge für Leistungen und vorläufige Maßnahmen in der Kinder- und Jugendhilfe (Kostenbeitragsverordnung – KostenbeitragsV)

Vom 1. Oktober 2005 (BGBl. I S. 2907)

Zuletzt geändert durch
Erste Verordnung zur Änderung der Kostenbeitragsverordnung
vom 5. Dezember 2013 (BGBl. I S. 4040)

Auf Grund des § 94 Abs. 5 Satz 1 des Achten Buches Sozialgesetzbuch – Kinder- und Jugendhilfe – in der Fassung der Bekanntmachung vom 8. Dezember 1998 (BGBl. I S. 3546), der durch Artikel 1 Nr. 49 des Gesetzes vom 8. September 2005 (BGBl. I S. 2729) eingefügt worden ist, verordnet das Bundesministerium für Familie, Senioren, Frauen und Jugend:

§ 1 Festsetzung des Kostenbeitrags

(1) Die Höhe des Kostenbeitrags, den Elternteile, Ehegatten oder Lebenspartner junger Menschen zu entrichten haben, richtet sich nach

a) der Einkommensgruppe in Spalte 1 der Anlage, der das nach § 93 des Achten Buches Sozialgesetzbuch zu ermittelnde Einkommen zuzuordnen ist, und

b) der Beitragsstufe in den Spalten 2 bis 5 der Anlage, die nach Maßgabe dieser Verordnung zu ermitteln ist.

(2) Für jede kostenbeitragspflichtige Person wird der jeweilige Kostenbeitrag getrennt ermittelt und erhoben.

§ 2 Wahl der Beitragsstufe bei vollstationären Leistungen

(1) Die Höhe des Beitrags zu den Kosten einer vollstationären Leistung nach § 91 Abs. 1 des Achten Buches Sozialgesetzbuch ergibt sich aus den Beitragsstufen zur jeweiligen Einkommensgruppe in den Spalten 2 bis 4 der Anlage.

(2) Wird die kostenbeitragspflichtige Person zu den Kosten vollstationärer Leistungen für eine Person nach dem Achten Buch Sozialgesetzbuch herangezogen, so ergibt sich die Höhe des Kostenbeitrags aus Spalte 2. Wird sie für mehrere Personen zu den Kosten herangezogen, so ergibt sich die Höhe des Kostenbeitrags für die zweite Person aus Spalte 3, für die dritte Person aus Spalte 4. Ab der vierten vollstationär untergebrachten Person wird nur noch ein Kostenbeitrag nach Maßgabe von § 7 erhoben.

§ 3 Wahl der Beitragsstufe bei teilstationären Leistungen

Die Höhe des Kostenbeitrags für teilstationäre Leistungen nach § 91 Absatz 2 des Achten Buches Sozialgesetzbuch ergibt sich aus der Beitragsstufe zur jeweiligen Einkommensgruppe in der Spalte fünf der Anlage.

§ 4 Berücksichtigung weiterer Unterhaltspflichten

(1) Ist die kostenbeitragspflichtige Person gegenüber anderen Personen nach § 1609 des Bürgerlichen Gesetzbuchs im mindestens gleichen Rang wie dem untergebrachten jungen Menschen oder Leistungsberechtigten nach § 19 des Achten Buches Sozialgesetzbuch zum Unterhalt verpflichtet und lebt sie mit ihnen in einem gemeinsamen Haushalt oder weist sie nach, dass sie ihren Unterhaltspflichten regelmäßig nachkommt, so ist sie

1. bei einer Zuordnung des maßgeblichen Einkommens zu einer der Einkommensgruppen 2 bis 6 je Unterhaltspflicht einer um zwei Stufen niedrigeren Einkommensgruppe zuzuordnen,
2. bei einer Zuordnung des maßgeblichen Einkommens zu einer der Einkommensgruppen 7 bis 18 je Unterhaltspflicht einer um eine Stufe niedrigeren Einkommensgruppe zuzuordnen

und zu einem entsprechend niedrigeren Kostenbeitrag heranzuziehen.

(2) Würden die Unterhaltsansprüche vorrangig oder gleichrangig Berechtigter trotz einer niedrigeren Einstufung nach Absatz 1 auf Grund der Höhe des Kostenbeitrags geschmä-

lert, so ist der Kostenbeitrag entsprechend zu reduzieren. Lebt die kostenbeitragspflichtige Person nicht in einem Haushalt mit der Person, gegenüber der sie mindestens im gleichen Rang zum Unterhalt verpflichtet ist, findet eine Reduzierung nur statt, wenn die kostenbeitragspflichtige Person nachweist, dass sie ihren Unterhaltspflichten regelmäßig nachkommt.

§ 5 Behandlung hoher Einkommen

(1) Liegt das nach § 93 des Achten Buches Sozialgesetzbuch maßgebliche Einkommen eines Elternteils, Ehegatten oder Lebenspartners oberhalb der Einkommensgruppe 27 der Anlage, so ist der Kostenbeitrag nach den folgenden Grundsätzen zu errechnen.

(2) Die Höhe des Kostenbeitrags für vollstationäre Leistungen beträgt

1. 25 Prozent des maßgeblichen Einkommens, wenn der Kostenpflichtige zu den Kosten für eine Person herangezogen wird,
2. zusätzlich 15 Prozent des maßgeblichen Einkommens, wenn der Kostenpflichtige zu den Kosten für eine zweite Person herangezogen wird,
3. zusätzlich 10 Prozent des maßgeblichen Einkommens, wenn der Kostenpflichtige für eine dritte Person herangezogen wird.

Ab der vierten vollstationär untergebrachten Person wird nur noch ein Kostenbeitrag nach Maßgabe von § 7 erhoben. Liegt das nach § 93 des Achten Buches Sozialgesetzbuch maßgebende Einkommen eines Elternteils, Ehegatten oder Lebenspartners oberhalb der Einkommensgruppe 27 der Anlage, so kann eine Heranziehung bis zur vollen Höhe der Kosten für stationäre Leistungen erfolgen.

(3) Die Höhe des Kostenbeitrags für teilstationäre Leistungen beträgt 5 Prozent des maßgeblichen Einkommens.

(4) Die Kostenbeiträge dürfen die Höhe der tatsächlichen Aufwendungen nicht überschreiten.

§ 6 Heranziehung der Eltern bei Leistungen für junge Volljährige

Bei Leistungen für junge Volljährige ist ein kostenbeitragspflichtiger Elternteil höchstens zu einem Kostenbeitrag auf Grund der Einkommensgruppe 13 heranzuziehen. Der kostenbeitragspflichtige Elternteil ist bei einer Zuordnung des maßgeblichen Einkommens zu der Einkommensgruppe 2 oder 3 der Einkommensgruppe 1 zuzuordnen. Bei einer Zuordnung des maßgeblichen Einkommens zu der Einkommensgruppe 4 ist der kostenpflichtige Elternteil der Einkommensgruppe 2 zuzuordnen. Die Zuordnung nach den Sätzen 1 und 2 erfolgt nach Berücksichtigung der Zuordnung nach § 4 Absatz 1.

§ 7 Einsatz des Kindergelds

Ein Elternteil hat unabhängig von einer einkommensabhängigen Heranziehung nach den §§ 1 bis 6 einen Kostenbeitrag in Höhe des Kindergeldes zu zahlen, wenn

1. vollstationäre Leistungen erbracht werden,
2. er Kindergeld für den jungen Menschen bezieht und
3. seine Heranziehung nicht nachrangig nach § 94 Absatz 1 Satz 3 und 4 des Achten Buches Sozialgesetzbuch ist.

Anlage

Maßgebliches Einkommen nach § 93 des Achten Buches Sozialgesetzbuch		Beitragsstufe 1	Beitragsstufe 2	Beitragsstufe 3	Beitragsstufe 4
		vollstationär erste Person	vollstationär zweite Person	vollstationär dritte Person	teilstationär
Spalte 1	Spalte 2	Spalte 3	Spalte 4	Spalte 5	Spalte 6
Einkommens-gruppe	Euro	Euro	Euro	Euro	Euro
1	bis 1100,99	0	0	0	0
2	1101,00 bis 1200,99	50	0	0	40
3	1201,00 bis 1300,99	130	0	0	50
4	1301,00 bis 1450,99	210	30	0	60
5	1451,00 bis 1600,99	259	60	30	70
6	1601,00 bis 1800,99	289	85	40	85
7	1801,00 bis 2000,99	342	105	50	95
8	2001,00 bis 2200,99	378	140	60	105
9	2201,00 bis 2400,99	437	175	80	115
10	2401,00 bis 2700,99	510	220	120	130
11	2701,00 bis 3000,99	570	275	165	145
12	3001,00 bis 3300,99	630	335	210	160
13	3301,00 bis 3600,99	725	410	260	175
14	3601,00 bis 3900,99	825	485	320	190
15	3901,00 bis 4200,99	932	560	380	205
16	4201,00 bis 4600,99	1056	635	440	220
17	4601,00 bis 5000,99	1152	715	500	240
18	5001,00 bis 5500,99	1313	790	555	265
19	5501,00 bis 6000,99	1438	865	605	290
20	6001,00 bis 6500,99	1563	940	658	315
21	6501,00 bis 7000,99	1688	1015	710	340
22	7001,00 bis 7500,99	1813	1090	763	365
23	7501,00 bis 8000,99	1938	1165	815	390
24	8001,00 bis 8500,99	2063	1240	868	415
25	8501,00 bis 9000,99	2188	1315	920	440
26	9001,00 bis 9500,99	2313	1390	973	465
27	9501,00 bis 10 000,99	2438	1465	1025	490

Stichwortverzeichnis

Die Seitenangaben in fetter Schrift beziehen sich auf die Kommentierung (Seiten 11 bis 56). Die Angaben mit § beziehen sich auf die gesetzlichen Grundlagen (Seiten 59 bis123).

Ablehnungsrecht, Vormundschaft **43**
Altersfeststellung **32**, § 42 f
Alterssicherung **24**
Amtspflegschaft **37, 39**
Amtsvormundschaft **37, 40**, § 55
Anerkennung als Träger § 75
Anfechtungsklage **54**, § 45
Annahme als Kind § 51
Anspruch auf Beratung § 8b
Ansprüche, Überleitung von § 95
Arbeitsförderung **29**
Arzt **28, 29**
Aufenthalt, gewöhnlicher **39, 44, 52**
Aufgaben der Länder § 82
Aufgaben des Bundes § 83
Auftragsgeschäft **30**
Ausbildung **19**, **22**, **29**
Auskunftspflicht **55**, § 97a
Ausland, Aufenthalt im **39**, § 88

Beglaubigung **30**, § 59
Begriffsbestimmungen § 7
Behinderung **28**, §§ 10, 22, 35a
Beistandschaft **38**, § 52a
Beiträge **53**, § 91
Benennungsrecht **40**
Beratung **14, 16, 21, 23, 26**, **36**, §§ 8b, 16, 17
Berichtszeitraum **55**, § 101
Beschlussrecht **47**, § 71
Beschäftigungsmaßnahmen **19**, § 13
Beschäftigungsstätte **29**
Bestellung, Vormund **40**
Betreuer **17, 42**
Betreute Wohnform § 34
Betreutes Einzelwohnen **22**
Betreuungshelfer § 30
Betriebserlaubnis **17, 24**, § 45
Beurkundung **30**, § 59
Bevollmächtigte **37**
Bundeskinderschutzgesetz **14**

Datenerhebung § 62
Datennutzung § 64
Datenspeicherung § 63
Datenübermittlung § 64
Diplom-Psychologe **26**

Ehe, Beratung **21**, § 17
Ehrenamtliche Tätigkeit **43, 48**, § 73
Eigenbeteiligung **29**, § 40
Eingliederung **19**
Eingliederungshilfe **28**, § 35a
Eingriff, Jugendamt **31**
Einkommen, Berechnung des **53**, § 93
Einzelbetreuung, intensive sozialpädagogische **26**, § 35
Einzelvormund **44**
Elternschaft **11**
Elternteil **22**, **38**
Elternverantwortung **11**, §§ 1, 17
Empfängniszeit **37**
Entbindung **23**
Entgelte § 78b
Entgeltvereinbarung § 78c
Entschädigungsverwaltung **28**
Entwicklungsstand **12**, **19**, **25**
Erbschaft **39**
Erfüllung der Schulpflicht § 21
Erhebungsmerkmale **55**, § 99
Erkrankung **23**, **30**
Ermessen **12, 18, 21**
Ermächtigung, Leistungsträger **12**
Erstscreening **31**, § 42a
Erziehung **11**, **14**, **21**, **25**, **26**, **45**, § 27
Erziehung, Recht auf § 1
Erziehungsbeistand **27**, § 30
Erziehungsberatung **26**, § 28
Erziehungsverantwortung **14**, **21**, § 16

Fachkräfte **47**, § 72
Familienbildung **21**, § 16
Familienhilfe **12, 21**, § 16
Familiengericht **12**, **15**, **29**, **39**, **55**, § 50

Familienpflege **33, 55**, § 43
Familienplanung **30**
Familienstand **40**
Finanzierung § 74a
Fortbildung **47**, § 72
Freie Jugendhilfe, Förderung § 74
Freiheitsentziehung **31**, § 42
Früherkennung, Krankheiten **29**
Förderung der Erziehung **21**, § 16

Geburt, Betreuung **22**
Gefährdung **15, 16**, § 8a
Gegenvormundschaft **43**, § 58
Geistestätigkeit, Störung der **41**
Geldleistung **24**, **53**
Gemeinsame Wohnformen **22**, § 19
Gemeinschaft, Teilnahme an **28**
Gesamtverantwortung **47**
Geschwister **22**, **32**, **40**, **43**, § 19
Geschäftsfähigkeit **36, 38**
Gesetzlicher Vertreter **36**, § 55
Gesundheitsschaden **30**
Gleichberechtigung **19**, § 9

Haushaltshilfe **23**
Heilpädagoge **26**
Heimerziehung **27**, § 34
Heranziehung, Umfang der **53**, § 94
Hilfe für junge Volljährige § 41
Hilfe zur Erziehung **26**, § 27
Hilfeplan **29**, § 36
Hilfsmerkmale § 100

Inhaftierung **23**
Inobhutnahme **30**, § 42
Integration **19**, **26**, **35**, § 13

Jugendamt § 69
Jugendamt, Mitteilungspflicht § 57
Jugendarbeit **19**, § 11
Jugendbildungseinrichtung **24**, **34**
Jugendfreizeiteinrichtung **24, 34**
Jugendgerichtsgesetz **34**, § 52
Jugendgruppen **19**, § 12

Jugendhilfe
– Aufgabe der **11**, § 2
– im Strafverfahren **34**
– freie **11**, § 3
– öffentliche **11**, §§ 3, 69
Jugendhilfeausschuss **45**, **47**, § 71
Jugendhilfeplanung **51**, § 80
Jugendhilfestatistik § 98
Jugendliche, seelisch behinderte **28**, § 35a
Jugendpsychiatrie **28**
Jugendrichter **29**
Jugendschutz **14**, § 14
Jugendsozialarbeit **13**, **19**, § 13
Jugendverbände **19**, § 12

Kind, Begriff **13**
Kinder, seelisch behinderte **31**, § 35a
Kinderbetreuung **23**
Kinderschutz **15**, § 14
Kindertagespflege **23**, §§ 20, 43
Kindeswohlgefährdung **15**, **30**, § 8a
Konfliktsituation, Familie **14, 21**, § 16
Kostenbeiträge **53**, § 90 f.
Kostenbeteiligung, pauschalierte **53**, § 90
Krankenhilfe **29**, § 40
Krippenplatz **24**, § 24
Krisenintervention, vorläufige **31**
Kur **23**

Landesjugendamt **45**, **47**, **50**, § 69 f.
Landesjugendhilfeausschuss **45**, § 71
Landesrechtsvorbehalt § 15
Lebensführung, eigenverantwortliche **26**
Leistungen, teil- und vollstationäre **54**, § 91
Leistungsangebote § 78b
Leistungsbescheid **53**, § 92
Leistungsvereinbarung § 78c

Meldepflichten **34**
Mitarbeiter **47**, § 72
Mitvormund **41**
Mutter-Kind-Heim **22**
Mündel **40**
Nachbarschaftshilfe **21**, § 16
Nachbetreuung § 41

4

Notfälle, Krisenintervention **31**
Notsituation **22**, § 20

Organisationsstruktur **11**, § 4

Partnerschaft, Beratung **21**, § 17
Periodizität § 101
Personensorge, Ausübung der **13, 15, 22, 52**, §§ 18, 38
Persönlichkeit, Entwicklung und freie Entfaltung **12, 18, 22, 35**, §§ 1, 22, 41
Pflegschaft **37, 39**, § 54 ff.
Planungsverantwortung **49, 51**, § 79
Prüfung, örtliche § 46
Psychotherapeut **26, 30, 48**

Qualifizierung **23**, § 23
Qualitätsentwicklung § 78b

Rahmenverträge § 78 f
Rechtsanspruch, Kita-Platz **24**, § 24
Rehabilitationsmaßnahme **23**
Religionsdiener **42**

Sachaufwand **23**, § 23
Sachliche Zuständigkeit **52**, § 85
Scheidung, Beratung **22**, § 17
Schiedsstelle § 78 g
Schulbildung **29**
Schuleintritt **25**, § 24
Schullandheim **34**
Schutzauftrag bei Kindeswohlgefährdung **15**, § 8a
Selbstbeschaffung § 36a
Selbsthilfe §§ 4, 31
Sicherheit, soziale **12**
Sorgeerklärung **29**, § 58a
Sozialberater **26**
Sozialdaten, Schutz von § 61 ff.
Soziale Gruppenarbeit § 29
Sozialpädagogische Familienhilfe § 31
Steuerungsverantwortung **35**, § 36a
Strafvorschriften § 105
Subsidiarität **12, 35**

Tageseinrichtungen **23, 53**, § 22 ff.
Tagesgruppe § 32
Tagespflege **23**, § 22
Teilhabe **29**
Transitjugendamt **31**, § 42a
Trennung, Beratung **22**, § 17
Träger der Jugendhilfe **45**, § 69
Tätigkeitsuntersagung § 48

Umgangsrecht **22, 55**, § 18
Unbegleitete minderjährige Flüchtlinge **31**, § 42a
Unfallversicherung **26**
Unterhaltsansprüche **36, 38**, § 52a
Urkunden, vollstreckbare § 60

Vaterschaftsfeststellung **36**, § 52a
Vereinsvormundschaft § 54
Vermögensverwaltung **44**
Verteilungsverfahren **31**, § 42b
Vertretungskörperschaft **47, 50**, § 70
Verwahrlosung 42
Volljährige **13, 52**, § 41
Vollzeitpflege **34, 53**, §§ 33, 44
Vollzeitpflege, fortdauernde § 89a
Vorläufige Inobhutnahme **31**, § 42a
Vormundschaft **18, 30, 37, 40**

Wahlrecht **12, 14, 29**, § 5
Widerspruch **41, 54**, §§ 42b, 42 f ,45
Wohnformen **19, 22**, §§ 19, 86b
Wohngemeinschaften **22**
Wunschrecht **12, 14, 29**, § 5

Zusammenarbeit mit freier Jugendhilfe **11, 49, 51**, § 4
Zuständigkeit, örtliche §§ 78e, 86